BIBLIOTHÈQUE CHRÉTIENNE

DE L'ADOLESCENCE ET DU JEUNE AGE,

Publiée avec approbation

DE MONSEIGNEUR L'ÉVÊQUE DE LIMOGES.

ATHÈNES.

ABRÉGÉ

DE L'ITINÉRAIRE

DE PARIS A JÉRUSALEM

DE CHATEAUBRIAND

A L'USAGE DE LA JEUNESSE

Par M. l'Abbé Laurent.

LIMOGES	PARIS
F. F. ARDANT FRÈRES,	F. F. ARDANT FRÈRES,
rue des Taules.	25, quai des Augustins.

1862

AVIS DES ÉDITEURS

En reproduisant cet ouvrage, un des plus remarquables qui soient sortis de la plume de l'illustre auteur du *Génie du Christianisme*, notre but premier et spécial devait être celui-ci :

EXTRAIRE POUR LA JEUNESSE LES PAGES LES PLUS RÉELLEMENT INSTRUCTIVES.

Mais quelles sont ces pages, sinon celles qui nous offrent la description historique, géographique, etc., de Sparte, d'Athènes, de Corinthe, de Jérusalem etc., etc. ?

Que nos lecteurs ne s'étonnent donc pas si, dans cet *Itinéraire*, il n'est question d'aucun détail sur la vie intime et les actions particulières du célèbre *voyageur*. Ne pouvant ni ne voulant tout rééditer, nous avons choisi et dû choisir pour eux ce qui mérite mieux de vivre dans leur mémoire, ce qui complète mieux leurs études.

ABRÉGÉ

DE L'ITINÉRAIRE

DE PARIS A JÉRUSALEM

MISITRA. — SPARTE.

Nous nous trouvions derrière Misitra, et presque
au pied du château ruiné qui commande la ville.
Il est placé au haut d'un rocher de forme quasi
pyramidale. Nous quittâmes nos chevaux, et nous
montâmes à pied au château par le faubourg des
Juifs, qui tourne en limaçon autour du rocher jusqu'à la base du château. Ce faubourg a été entiè-
rement détruit par les Albanais ; les murs seuls des
maisons sont restés debout ; et l'on voit à travers
les ouvertures des portes et des fenêtres la trace des
flammes qui ont dévoré ces anciennes retraites de la
misère. Des enfants, aussi méchants que les Spartia-

tes dont ils descendent, se cachent dans ces ruines, épient le voyageur, et, au moment où il passe, font crouler sur lui des pans de murs et des fragments de rocher. Je faillis être victime d'un de ces jeux lacédémoniens.

Le château gothique qui couronne ces débris tombe lui-même en ruine : les vides des créneaux, les crevasses formées dans les voûtes, et les bouches des citernes, font qu'on ne marche pas sans danger. Il n'y a ni portes, ni gardes, ni canons, le tout est abandonné : mais on est bien dédommagé de la peine qu'on a prise de monter à ce donjon par la vue dont on jouit.

Au-dessous de vous, à votre gauche, est la partie détruite de Misitra, c'est-à-dire le faubourg des Juifs dont je viens de parler. A l'extrémité de ce faubourg vous apercevez l'archevêché et l'église de Saint-Dimitri, environnés d'un groupe de maisons grecques avec des jardins.

Perpendiculairement au-dessous de vous s'étend la partie de la ville appelée *Katôchôrion*, c'est-à-dire le bourg au-dessus du château.

En avant de Katôchôrion se trouve le *Mésochôrion*, le bourg du milieu : celui-ci a de grands jardins, et renferme des maisons turques peintes de vert et de rouge ; on y remarque aussi des bazars, des kans et des mosquées.

A droite, au pied du Taygète, on voit successivement les trois villages ou faubourgs que j'avais traversés : Tritzella, Panthalama et Parori.

De la ville même sortent deux torrents : le premier est appelé *Hobriopotamos*, rivière des Juifs : il coule entre le Katôchôrion et le Mésochôrion.

Le second se nomme *Panthalama*, du nom de la fontaine des Nymphes dont il sort ; il se réunit à l'Hobriopotamos assez loin dans la plaine, vers le village désert de *Magoula*. Ces deux torrents, sur lesquels il y a un petit pont, ont suffi à La Guilletière pour en former l'Eurotas et le pont Babyx, sous le nom générique de *Gephuros*, qu'il aurait dû, je pense, écrire *Gephura*.

A Magoula, ces deux ruisseaux réunis se jettent dans la rivière de Magoula, l'ancien Cnacion, et celui-ci va se perdre dans l'Eurotas.

Vu du château de Misitra, la vallée de la Laçonie est admirable : elle s'étend à peu près du nord au midi ; elle est bordée à l'ouest par la Taygète, et à l'est par les monts Tornax, Barosthènes, Olympe et Ménélaïon ; de petites collines obstruent la partie septentrionale de la vallée, descendent au midi en diminuant de hauteur, et viennent former de leurs dernières croupes les collines où Sparte était assise. Depuis Sparte jusqu'à la mer se déroule une plaine unie et fertile arrosée par l'Eurotas (1).

Me voilà donc monté sur un créneau du château de Misitra, découvrant, contemplant et admirant toute la Laconie. Mais quand parlerez-vous de Sparte? me dira le lecteur. Où sont les débris de cette ville? Sont-ils renfermés dans Misitra? N'en reste-t-il aucune trace? Pourquoi courir à Amyclée

(1) Voyez, pour la description de la Laconie, *les Martyrs*, liv. xiv.

avant d'avoir visité tous les coins de Lacédémone ?
Vous contenterez-vous de nommer l'Eurotas sans
en montrer le cours, sans en décrire les bords ?
Quelle largeur a-t-il ? de quelle couleur sont ses
eaux ? où sont ses cygnes, ses roseaux, ses lauriers ?
Les moindres particularités doivent être racontées
quand il s'agit de la patrie de Lycurgue, d'Agis, de
Lysandre, de Léonidas. Tout le monde a vu Athènes, mais très peu de voyageurs ont pénétré jusqu'à Sparte : aucun n'en a complètement décrit les
ruines.

Il y a déjà longtemps que j'aurais satisfait le lecteur si, dans le moment même où il m'aperçoit au
haut du donjon de Misitra, je n'eusse fait pour mon
propre compte toutes les questions que je l'entends
me faire à présent.

Je n'avais rien négligé pour me procurer sur
Sparte tous les renseignements possibles : j'ai suivi
l'histoire de cette ville depuis les Romains jusqu'à
nous ; j'ai parlé des voyageurs et des livres qui nous
ont appris quelque chose de la moderne Lacédémone ; malheureusement ces notions sont assez vagues, puisqu'elles ont fait naître deux opinions con-
tradictoires. D'après le père Pacifique, Concelli, le
romancier Guillet et ceux qui les ont suivis, Misitra
est bâtie sur les ruines de Sparte ; et d'après Spon,
Vernon, l'abbé Fourmont, Leroi et d'Anville, les
ruines de Sparte sont assez éloignées de Misitra.
Il était bien clair, d'après cela, que les meilleures
autorités étaient pour cette dernière opinion. D'Anville surtout est formel, et il paraît choqué du sen-

timent contraire : « Le lieu, dit-il qu'occupait cette
» ville (Sparte) est appelé *Palæochôri* ou le vieux
» bourg ; la ville nouvelle, sous le nom de *Misitra*,
» que l'on a tort de confondre avec Sparte, en est
» écartée vers le couchant. » Spon, combattant
La Guilletière, s'exprime aussi fortement d'après
le témoignage de Vernon et du consul Giraud.
L'abbé Fourmont, qui a retrouvé à Sparte tant
d'inscriptions, n'a pu être dans l'erreur sur l'emplacement de cette ville : il est vrai que nous n'a-
vons pas son voyage ; mais Leroi, qui a reconnu
le théâtre et le dromos, n'a pu ignorer la vraie
position de Sparte. Les meilleures géographies, se
conformant à ces grandes autorités, ont pris soin
d'avertir que Misitra n'est point du tout Lacédémone. Il y en a même qui fixent assez bien la distance de l'une à l'autre de ces villes, en la faisant
d'environ deux lieues.

On voit ici, par un exemple frappant, combien
il est difficile de rétablir la vérité quand une erreur
est enracinée. Malgré Spon, Fourmont, Leroi, d'Anville, etc., on s'est généralement obstiné à voir
Sparte dans Misitra, et moi-même tout le premier.
Deux voyageurs modernes avaient achevé de m'a-
veugler, Scrofani et M. Pouqueville. Je n'avais pas
fait attention que celui-ci, en décrivant Misitra
comme représentant Lacédémone, ne faisait que
répéter l'opinion des gens du pays, et qu'il ne donnait pas ce sentiment pour le sien : il semble même
pencher au contraire vers l'opinion qui a pour elle

1..

les meilleures autorités; d'où je devais conclure que M. Pouqueville, exact sur tout ce qu'il a vu de ses propres yeux, avait été trompé dans ce qu'on lui avait dit de Sparte (1).

Persuadé donc, par une erreur de mes premières études, que Misitra était Sparte, j'avais commencé à parcourir Amyclée : mon projet était de me débarrasser d'abord de ce qui n'était point Lacédémone, afin de donner ensuite à cette ville toute mon attention. Qu'on juge de mon embarras, lorsque, du haut du château de Misitra, je m'obstinais à vouloir reconnaître la cité de Lycurgue dans une ville absolument moderne, et dont l'architecture ne m'offrait qu'un mélange confus du genre oriental et du style gothique, grec et italien : pas une pauvre petite ruine antique pour se consoler au milieu de tout cela. Encore si la vieille Sparte, comme la vieille Rome, avait levé sa tête défigurée du milieu de ces monuments nouveaux ! Mais non : Sparte était renversée dans la poudre, ensevelie dans le tombeau, foulée aux pieds des Turcs, morte, morte tout entière !

Je le croyais ainsi. Mon cicérone savait à peine quelques mots d'italien et d'anglais. Pour me faire mieux entendre de lui, j'essayais de méchantes phrases de grec moderne : je barbouillais au crayon quelques mots de grec ancien, je parlais italien et

(1) Il dit même en toutes lettres que Misitra n'est pas sur l'emplacement de Sparte; ensuite il revient aux idées des habitants du pays. On voit que l'auteur était sans cesse entre les grandes autorités qu'il connaissait et le bavardage de quelque Grec ignorant.

anglais, je mêlais du français à tout cela ; Joseph voulait nous mettre d'accord, et il ne faisait qu'accroître la confusion ; le janissaire et le guide (espèce de juif demi-nègre) donnaient leurs avis en turc, et augmentaient le mal. Nous parlions tous à la fois, nous criions, nous gesticulions ; avec nos habits différents, nos langages et nos visages divers, nous avions l'air d'une assemblée de démons perchés au coucher du soleil sur la pointe de ces ruines. Les bois et les cascades du Taygète étaient derrière nous, la Laconie à nos pieds, et le plus beau ciel sur notre tête.

« Voilà Misitra, disais-je au cicérone : c'est La-
» cédémone, n'est-ce pas ? »

Il me répondait : « Signor, Lacédémone ? Comment ? »

— « Je vous dis Lacédémone ou Sparte ? »

— « Sparte ? Quoi ? »

— « Je vous demande si Misitra est Sparte. »

— « Je n'entends pas. »

— « Comment ! vous, Grec, vous, Lacédémonien, vous ne connaissez pas le nom de Sparte ? »

— « Sparte ? Oh oui ! Grande république ! Fa-
» meux Lycurgue ! »

— « Ainsi Misitra est Lacédémone ? »

Le Grec me fit un signe de tête affirmatif. Je fus ravi.

« Maintenant, repris-je, expliquez-moi ce que
» je vois : quelle est cette partie de la ville ? » Et je montrais la partie devant moi, un peu à droite.

« Mésochôrion, » répondit-il.

« J'entends bien : mais quelle partie était-ce de
» Lacédémone ? »

— « Lacédémone ? Quoi ? »

J'étais hors de moi.

« Au moins indiquez-moi le fleuve. » Et je répé-
tais : « Potamos, Potamos. »

Mon Grec me fit remarquer le torrent appelé la
rivière des Juifs.

» Comment, c'est là l'Eurotas ? impossible ! Dites-
» moi où est le Vasilipotamos. »

Le cicérone fit de grands gestes et étendit le
bras à droite, du côté d'Amyclée.

Me voilà replongé dans toutes mes perplexités. Je
prononçai le nom d'*Iri ;* et, à ce nom, mon Spartiate
me montra la gauche, à l'opposé d'Amyclée.

Il fallait conclure qu'il y avait deux fleuves : l'un
à droite, le Vasilipotamos ; l'autre à gauche, l'Iri ;
et que ni l'un ni l'autre de ces fleuves ne passait
à Misitra. On a vu plus haut, par l'explication que
j'ai donnée de ces deux noms, ce qui causait mon
erreur.

Ainsi, disais-je en moi-même, je ne sais plus où
est l'Eurotas, mais il est clair qu'il ne passe point
à Misitra. Donc Misitra n'est point Sparte, à moins
que le cours du fleuve n'ait changé et ne se soit
éloigné de la ville, ce qui n'est pas du tout probable. Où est donc Sparte ? Je serai venu jusqu'ici
sans avoir pu la trouver ! Je m'en retournerai sans
l'avoir vue ! J'étais dans la consternation. Comme
j'allais descendre du château, le Grec s'écria : « Vo-
» tre seigneurie demande peut être Palæochôri ? »

A ce nom je me rappelai le passage de d'Anville ; je m'écrie à mon tour : « Oui, Palæochôri ! la vieille ville ! Où est-elle, Palæochôri ? »

— « Là-bas, à Magoula, » dit le cicérone ; et il me montrait au loin dans la vallée une chaumière blanche environnée de quelques arbres.

Les larmes me vinrent aux yeux en fixant mes regards sur cette misérable cabane qui s'élevait dans l'enceinte abandonnée d'une des villes les plus célèbres de l'univers, et qui servait seule à faire reconnaître l'emplacement de Sparte, demeure unique d'un chevrier, dont toute la richesse consiste dans l'herbe qui croît sur les tombeaux d'Agis et de Léonidas.

Je ne voulus plus rien voir ni rien entendre : je descendis précipitamment du château, malgré les cris des guides qui voulaient me montrer des ruines modernes, et me montrer des histoires d'agas, de pachas, de cadis, de vayvodes ; mais, en passant devant l'archevêché, je trouvai des papas qui attendaient *le Français* à la porte, et qui m'invitèrent à entrer de la part de l'archevêque.

Quoique j'eusse bien désiré refuser cette politesse, il n'y eut pas moyen de s'y soustraire. J'entrai donc : l'archevêque était assis au milieu de son clergé dans une salle très propre, garnie de nattes et de coussins à la manière des Turcs. Tous ces papas et leur chef étaient gens d'esprit et de bonne humeur ; plusieurs savaient l'italien et s'exprimaient avec facilité dans cette langue. Je leur contai ce qui venait de m'arriver au sujet des ruines de Sparte :

ils en rirent et se moquèrent du cicérone ; ils me
parurent fort accoutumés aux étrangers.

La Morée est en effet remplie de Lévantins, de
Francs, de Ragusains, d'Italiens, et surtout de
jeunes médecins de Venise et des îles Ioniennes, qui
viennent dépêcher les cadis et les agas. Les chemins
sont assez sûrs : on trouve passablement de quoi se
nourir ; on jouit d'une grande liberté, pourvu qu'on
ait un peu de fermeté et de prudence. C'est en
général un voyage très facile, surtout pour un
homme qui a vécu chez les sauvages de l'Amérique.
Il y a toujours quelques Anglais sur les chemins
du Péloponèse : les papas me dirent qu'ils avaient
vu dans ces derniers temps des antiquaires et des
officiers de cette nation. Il y a même à Misitra une
maison grecque qu'on appelle l'*Auberge anglaise :*
on y mange du roast-beef, et l'on y boit du vin de
Porto. Le voyageur a sous ce rapport de grandes
obligations aux Anglais : ce sont eux qui ont établi
de bonnes auberges dans toute l'Europe, en Italie,
en Suisse, en Allemagne, en Espagne, à Constantinople, à Athènes, et jusqu'aux portes de Sparte,
en dépit de Lycurgue.

On me montra l'archevêché et l'église : celle-ci,
fort célèbre dans nos géographies, n'a pourtant
rien de remarquable. La mosaïque du pavé est
commune ; les peintures, vantées par Guillet, rap-
pellent absolument les ébauches de l'école avant le
Pérugin. Quant à l'architecture, ce sont toujours
des dômes plus ou moins écrasés, plus ou moins
multipliés. Cette cathédrale, dédiée à saint Dimitri,

et non pas à la Vierge, comme on l'a dit, a pour sa part sept de ces dômes. Depuis que cet ornement a été employé à Constantinople dans la dégénération de l'art, il a marqué tous les monuments de la Grèce. Il n'a ni la hardiesse du gothique, ni la sage beauté de l'antique. Il est assez majestueux quand il est immense, mais alors il écrase l'édifice qui le porte : s'il est petit, ce n'est plus qu'une calotte ignoble qui ne se lie à aucun membre de l'architecture, et qui s'élève au-dessus des entablements tout exprès pour rompre la ligne harmonieuse de la cymaise.

Je vis dans la bibliothèque de l'archevêché quelques traités des pères grecs, des livres de controverse, et deux ou trois historiens de la *Byzantine;* entre autres Pachymère. Il est probable que les Vénitiens, longtemps maîtres de la Morée, en auront enlevé les manuscrits les plus précieux.

Mes hôtes me montrèrent avec empressement des traductions imprimées de quelques ouvrages français : c'est, comme on sait, le *Télémaque, Rollin,* *etc.*, et des nouvelles publiées à Bucharest.

Il était nuit quand je sortis de l'archevêché : nous traversâmes la partie la plus peuplée de Misitra ; nous passâmes dans le bazar indiqué dans plusieurs descriptions comme devant être l'Agora des anciens, supposant toujours que Misitra est Lacédémone. Ce bazar est un mauvais marché pareil à ces halles que l'on voit dans nos petites villes de province. De chétives boutiques de schalls, de merceries, de comestibles, en occupent les rues. Ces boutiques étaient alors occupées par des lampes de fabrique italienne. On me fit remarquer, à la lueur de ces lampes, deux Maniottes qui vendaient des sèches et des polypes de mer, appelés à Naples *frutti di mare*. Ces pêcheurs, d'une assez grande taille, ressemblaient à des paysans francs-comtois. Je ne leur trouvai rien d'extraordinaire. Je me décidai à me rendre le lendemain aux ruines de Sparte, et à continuer de là mon voyage sans revenir à Misitra.

Il y avait déjà une heure que nous courrions par un chemin uni qui se dirigeait droit au sud-est, lorsqu'au lever de l'aurore j'aperçus quelques débris et un long mur de construction antique : le cœur commence à me battre. Le janissaire se tourne vers moi, et me montrant sur la droite, avec son fouet, une cabane blanchâtre, il me crie d'un air de satisfaction : « Palæochôri ! » Je me dirigeai vers la principale ruine que je découvrais sur une hauteur. En tournant cette hauteur par le nord-ouest afin d'y monter, je m'arrêtai tout-à-coup à la vue d'une vaste enceinte, ouverte en demi-cercle, et que je reconnus à l'instant pour un théâtre. Je ne puis peindre les sentiments confus qui vinrent m'assiéger. La colline au pied de laquelle je me trouvais était donc la colline de la citadelle de Sparte, puisque le théâtre était adossé à la citadelle; la ruine que je voyais sur cette colline était donc le temple de Minerve-Chalciœcos, puisque celui-ci était dans la citadelle; les débris et le long mur que j'avais passés plus bas faisaient donc partie de la tribu des Cynosures, puisque cette tribu était

au nord de la ville : Sparte était donc sous mes
yeux ; et son théâtre, que j'avais eu le bonheur de
décourir en arrivant, me donnait sur-le-champ les
positions des quartiers et des monuments. Je mis
pied à terre, et je montai en courant sur la colline
de la citadelle.

Comme j'arrivais à son sommet, le soleil se
levait derrière les monts Ménélaïons. Quel beau
spectacle ! mais qu'il était triste ! L'Eurotas coulant
solitaire sous les débris du pont Babyx ; des ruines
de toutes parts, et pas un homme parmi ces ruines ! Je restai immobile, dans une espèce de stupeur,
à contempler cette scène. Un mélange d'admiration
et de douleur arrêtait mes pas et ma pensée ; le
silence était profond autour de moi ; je voulus du
moins faire parler l'écho dans les lieux où la voix
humaine ne se faisait plus entendre, et je criai de
toute ma force : Léonidas ! Aucune ruine ne répéta
ce grand nom, et Sparte même sembla l'avoir oublié.

Quand l'espèce de trouble où j'étais fut dissipé,
je commençai à étudier les ruines autour de moi.
Le sommet de la colline offrait un plateau environné, surtout au nord-ouest, d'épaisses murailles ;
j'en fis deux fois le tour, et je comptai mille cinq
cent soixante, et mille cinq cent soixante-six pas
communs, ou à peu près sept cent quatre-vingts
pas géométriques ; mais il faut remarquer que j'em-
brasse dans ce circuit le sommet entier de la colline, y compris la courbe que forme l'excavation

du théâtre dans cette colline : c'est ce théâtre que Leroi a examiné.

Des décombres, partie ensevelis sous terre, partie élevés au-dessus du sol, annoncent, vers le milieu de ce plateau, les fondements du temple de Minerve-Chalciœcos (1), où Pausanias se réfugia vainement et perdit la vie. Une espèce de rampe en terrasse, large de soixante-dix pieds, et d'une pente extrêmement douce, descend du midi de la colline dans la plaine. C'était peut-être le chemin par où l'on montait à la citadelle, qui ne devint très forte que sous les tyrans de Lacédémone.

A la naissance de cette rampe, et au-dessus du théâtre, je vis un petit édifice de forme ronde aux trois quarts détruit : les niches intérieures en paraissent également propres à recevoir des statues ou des urnes.

Si l'on se place avec moi sur la colline de la citadelle, voici ce qu'on verra autour de soi :

Au levant, c'est-à-dire vers l'Eurotas, un monticule de forme allongée, et aplati à sa cime, comme pour servir de stade ou d'hippodrome. Des deux côtés de ce monticule, entre deux autres monticules qui font, avec le premier, deux espèces de vallées, on aperçoit les ruines du pont Babyx et le cours de l'Eurotas. De l'autre côté du fleuve, la

(1) Chalciœcos, maison d'airain. Il ne faut pas prendre le texte de Pausanias et de Plutarque à la lettre, et s'imaginer que ce temple fût tout d'airain ; cela veut dire seulement que ce temple était revêtu d'airain en dedans et peut-être en dehors. J'espère que personne ne confondra les deux Pausanias que je cite ici, l'un dans le texte l'autre dans la note.

vue est arrêtée par une chaîne de collines rougeâtres : ce sont les monts Ménélaïons. Derrière ces
monts s'élève la barrière des hautes montagnes qui
bordent au loin le golfe d'Argos.

Dans cette vue à l'est, entre la citadelle et l'Eurotas, en portant les yeux nord et sud par l'est, parallèlement au cours du fleuve , on placera la tribu
des Limnates , le temple de Lycurgue , le palais du
roi Démarate, la tribu des Egides et celle des Mes-
soates , un des Lesché , le monument de Cadmus ,
les temple d'Hercule , d'Hélène et le Plataniste. J'ai
compté dans ce vaste espace sept ruines debout et
hors de terre, mais tout-à-fait informes et dégra-
dées. Comme je pouvais choisir, j'ai donné à l'un
de ces débris le nom de temple d'Hélène ; à l'autre ,
celui du tombeau d'Alcman : j'ai cru voir les monuments héroïques d'Egée et de Cadmus ; je me suis
déterminé ainsi pour la fable , et n'ai reconnu pour
l'histoire que le temple de Lycurgue.

En regardant maintenant vers le nord, et toujours
du sommet de la citadelle , on voit une assez haute
colline qui domine même celle où la citadelle est
bâtie, ce qui contredit le texte de Pausanias. C'est
dans la vallée que forment ces deux collines que
devaient se trouver la place publique et les monuments que cette dernière renfermait, tels que le
sénat des Gérontes , le Chœur , le Portique des
Perses , etc. Il n'y a aucune ruine de ce côté. Au
nord-ouest s'étendait la tribu des Cynosures, par où
j'étais entré à Sparte, et où j'ai remarqué le long mur.

Tournons-nous à présent à l'ouest, et nous apercevrons, sur un terrain uni, derrière et au pied du théâtre, trois ruines, dont l'une est assez haute et arrondie comme une tour : dans cette direction se trouvaient la tribu des Pitanates, le Théomélide, les tombeaux de Pausanias et de Léonidas, le Lesché des Crotanes et le temple de Diane Isora.

Enfin, si l'on ramène ses regards au midi, on verra une terre inégale que soulèvent çà et là des racines de murs rasés au niveau du sol. Il faut que les pierres en aient été emportées, car on ne les aperçoit point à l'entour. La maison de Ménélas s'élevait dans cette perspective; et plus loin, sur le chemin d'Amyclée, on rencontrait le temple des Dioscures et des Grâces. Cette description deviendra plus intelligible si le lecteur veut avoir recours à Pausanias, ou simplement au *Voyage d'Anacharsis*.

Tout cet emplacement de Lacédémone est inculte : le soleil l'embrase en silence et dévore incessamment le marbre des tombeaux. Quand je vis ce désert, aucune plante n'en décorait les débris, aucun oiseau, aucun insecte ne les animait, hors des millions de lézards qui montaient et descendaient sans bruit le long des murs brûlants. Une douzaine de chevaux à demi sauvages paissaient çà et là une herbe flétrie ; un pâtre cultivait dans un coin du théâtre quelques pastèques; et à Magoula, qui donne son triste nom à Lacédémone, on remarquait un petit bois de cyprès. Mais ce Magoula même, qui fut autrefois un village turc assez considérable, a péri dans ce champ de mort : ses masures sont tombées, et ce n'est plus qu'une ruine qui annonce des ruines.

Je descendis de la citadelle, et je marchai pendant un quart d'heure pour arriver à l'Eurotas. Je le vis à peu près tel que je l'avais passé deux lieues plus haut sans le connaître : il peut avoir devant Sparte la largeur de la Marne au-dessus de Charenton. Son lit, presque desséché en été, présente une grève semée de petits cailloux, plantée de roseaux et de lauriers roses, et sur laquelle coulent quelques filets d'une eau fraîche et limpide. Cette eau me parut excellente ; j'en bus abondamment, car je mourais de soif. L'Eurotas mérite certainement l'épithète de : *aux beaux roseaux* que lui a donnée Euripide ; mais je ne sais s'il doit garder celle d'*Olorifer*, car je n'ai point aperçu de cygnes dans ses eaux. Je suivis son cours, espérant rencontrer ces oiseaux qui, selon Platon, ont avant d'expirer une vue de l'Olympe, et c'est pourquoi leur dernier chant est si mélodieux : mes recherches furent inutiles.

Les fleuves fameux ont la même destinée que les peuples fameux : d'abord ignorés, puis célébrés sur toute la terre, ils retombent ensuite dans leur première obscurité. L'Eurotas, appelé d'abord *Himère*, coule maintenant oublié sous le nom d'*Iri*, comme le Tibre, autrefois l'Albula, porte aujourd'hui à la mer les eaux inconnues du Tevère. J'examinai les ruines du pont Babyx, qui sont peu de chose. Je cherchai l'île du Plataniste, et je crois l'avoir trouvée au-dessous même de Magoula : c'est un terrain de forme triangulaire, dont un côté est baigné par l'Eurotas, et dont les deux autres côtés sont fermés par des fossés pleins de jonc, où coule pendant

l'hiver la rivière de Magoula, l'ancien Cnacion. Il y
a dans cette île quelques mûriers et des sycomores,
mais point de platanes.

La vue dont on jouit en marchant le long de
l'Eurotas est bien différente de celle que l'on découvre du sommet à la citadelle. Le fleuve suit un
lit tortueux, et se cache, comme je l'ai dit, parmi
des roseaux et des lauriers roses aussi grands que
des arbres; sur la rive gauche, les monts Ménè-
laïons, d'un aspect aride et rougeâtre, forment.
contraste avec la fraîcheur et la verdure du cours
de l'Eurotas. Sur la rive droite, le Taygète déploie
son magnifique rideau : tout l'espace compris entre
ce rideau et le fleuve est occupé par les collines
et les ruines de Sparte ; ces collines et ces ruines
ne paraissent point désolées comme lorsqu'on les
voit de près : elles semblent au contraire teintes
de pourpre, de violet, d'or pâle. Ce ne sont point
les prairies et les feuilles d'un vert cru et froid qui
font les admirables paysages; ce sont les effets de la
lumière : voilà pourquoi les rochers et les bruyères
de la baie de Naples seront toujours plus belles que
les vallées les plus fertiles de la France et de l'An-
gleterre.

Ainsi, après des siècles d'oubli, ce fleuve qui vit
errer sur ses bords les Lacédémoniens illustrés par
Plutarque, ce fleuve, dis-je, s'est peut-être réjoui
dans son abandon d'entendre retentir autour de
ses rives les pas d'un obscur étranger. C'était le
18 août 1806, à neuf heures du matin, que je fis
seul, le long de l'Eurotas, cette promenade qui ne

s'effacera jamais de ma mémoire. Si je hais les
mœurs des Spartiates, je ne méconnais point la
grandeur d'un peuple libre, et je n'ai point foulé
sans émotion sa noble poussière. Un seul fait suffit
à la gloire de ce peuple : quand Néron visita la
Grèce il n'osa entrer dans Lacédémone. Quel magnifique éloge de cette cité !

Je retournai à la citadelle en m'arrêtant à tous
les débris que je rencontrais sur mon chemin.
Comme Misitra a vraisemblablement été bâtie avec
les ruines de Sparte, cela sans doute aura beaucoup contribué à la dégradation des monuments de
cette dernière ville. Je trouvai mon compagnon
exactement dans la même place où je l'avais laissé :
il s'était assis, il avait dormi : il venait de se réveil-
ler ; il fumait ; il allait dormir encore.

Il était midi ; le soleil dardait à plomb ses rayons
sur nos têtes. Nous nous mîmes à l'ombre dans un
coin du théâtre, et nous mangeâmes d'un grand
appétit du pain et des figues sèches que nous avions
apportés de Misitra. Je me mis à écrire des notes et
à prendre la vue des lieux : tout cela dura deux
grandes heures, après quoi je voulus examiner les
monuments à l'ouest de la citadelle. C'était de ce
côté que devait être le tombeau de Léonidas. Le
janissaire m'accompagna, tirant les chevaux par la
bride ; nous allions errant de ruine en ruine. Nous
étions les deux seuls hommes vivants au milieu de
tant de morts illustres ; tous deux barbares, étrangers l'un à l'autre ainsi qu'à la Grèce, sortis des
forêts de la Gaule et des rochers du Caucase, nous

nous étions rencontrés au fond du Péloponèse , moi pour passer, lui pour vivre sur les tombeaux qui n'étaient pas ceux de nos aïeux.

J'interrogeai vainement les moindres pierres pour leur demander les cendres de Léonidas. J'eus pourtant un moment d'espoir : près de cette espèce de tour que j'ai indiquée à l'ouest de la citadelle , je vis des débris de sculptures qui me semblèrent être ceux d'un lion. Nous savons par Hérodote qu'il y avait un lion de pierre sur le tombeau de Léonidas , circonstance qui n'est pas rapportée par Pausanias. Je redoublai d'ardeur ; tous mes soins furent inutiles (1). Je ne sais si c'est dans cet endroit que l'abbé Fourmont fit la découverte de trois monuments curieux. L'un était un cippe sur lequel était gravé le nom de *Jérusalem* : il s'agissait peut-être de cette alliance des Juifs et des Lacédémoniens dont il est parlé dans *les Machabées ;* les deux autres monuments étaient les inscriptions sépulcrales de Lysander et d'Agésilas : un Français devait naturellement retrouver le tombeau de deux grands

(2) Ma mémoire me trompait ici : le lion dont parle Hérodote était aux Thermopyles. Cet historien ne dit pas même que les os de Léonidas furent transportés dans sa patrie. Il prétend, au contraire, que Xerxès fit mettre en croix le corps de ce prince. Ainsi, les débris du lion que j'ai vus à Sparte ne peuvent point indiquer la tombe de Léonidas. On croit bien que je n'avais pas un *Hérodote* à la main sur les ruines de Lacédémone ; je n'avais porté dans mon voyage que *Racine, le Tasse, Virgile* et *Homère,* celui-ci avec des feuillets blancs pour écrire des notes. Il n'est donc pas bien étonnant qu'obligé de tirer mes ressources de ma mémoire, j'aie pu me méprendre sur un lieu, sans néanmoins me tromper sur un fait. On peut voir deux jolies épigrammes de l'*Anthologie* sur ce lion de pierre des Thermopyles.

capitaines. Je remarquerai que c'est à mes compa-
triotes que l'Europe doit les premières notions sa-
tisfaisantes qu'elle ait eues sur les ruines de Sparte
et d'Athènes (1). Deshayes, envoyé par Louis XIII
à Jérusalem, passa l'an 1629 à Athènes : nous
avons son *Voyage*, que Chnadler n'a pas connu. Le
père Babin, jésuite, donna en 1672 sa relation de
l'*Etat présent de la ville d'Athènes ;* cette relation
fut rédigée par Spon, avant que ce sincère et habile
voyageur eût commencé ses courses avec Wheler.
L'abbé Fourmont et Leroi ont répandu les premiers
des lumières certaines sur la Laconie, quoiqu'à la
vérité Vernon eût passé à Sparte avant eux ; mais
on n'a qu'une seule lettre de cet Anglais : il se
contente de dire qu'il a vu Lacédémone, et il n'entre dans aucun détail. Pour moi, j'ignore si
mes recherches passeront à l'avenir ; mais du moins
j'aurai mêlé mon nom au nom de Sparte, qui peut
seule le sauver de l'oubli ; j'aurai, pour ainsi
dire, retrouvé cette cité immortelle, en donnant
sur ses ruines des détails jusqu'ici inconnus : un
simple pêcheur, par naufrage ou par aventure, dé-
termine souvent la position de quelques écueils qui
avaient échappé aux soins des pilotes les plus habiles.

(1) On a bien sur Athènes les deux lettres de la collection de Martin
Crusius, en 1584 ; mais, outre qu'elles ne disent presque rien, elles
sont écrites par des Grecs natifs de la Morée, et par conséquent elles
ne sont point le fruit des recherches des voyageurs modernes. Spon
cite encore le manuscrit de la bibliothèque Barberine, à Rome, qui
remontait à deux cents ans avant son voyage, et où il trouva quelques dessins d'Athènes.

Itinéraire. 2

Il y avait à Sparte une foule d'autels et de statues consacrés au sommeil, à la mort, à la beauté, divinités de tous les hommes ; à la Peur sous les armes, apparemment celle que les Lacédémoniens inspiraient aux ennemis : rien de tout cela n'est resté ; mais je lus sur une espèce de socle ces quatre lettres *Lasm*. Faut-il rétablir, *Gelasma?* Serait-ce le piédestal de cette statue du Rire que Lycurgue plaça chez les graves descendants d'Hercule? L'autel du Rire subsistant seul au milieu de Sparte ensevelie offrirait un beau sujet de triomphe à la philosophie de Démocrite !

Le jour finissait lorsque je m'arrachai à ces illustres débris, à l'ombre de Lycurgue, aux souvenir des Thermopyles et à tous les mensonges de la fable et de l'histoire. Le soleil disparut derrière le Taygète, de sorte que je le vis commencer et finir son tour sur les ruines de Lacédémone. Il y avait trois mille cinq cent quarante-trois ans qu'il s'était levé et couché pour la première fois sur cette ville naissante. Je partis l'esprit rempli des objets que je venais de voir, et livré à des réflexions intarissables : de pareilles journées font ensuite supporter patiemment beaucoup de malheurs, et rendent surtout indifférent à bien des spectacles.

Nous remontâmes le cours de l'Eurotas pendant une heure et demie, au travers des champs, et nous tombâmes dans le chemin de Tripolizza. Joseph et le guide étaient campés de l'autre côté de la rivière, auprès du pont : ils avaient allumé du feu avec des roseaux.

Après le souper, Joseph apporta ma selle, qui me servait ordinairement d'oreiller ; je m'enveloppai dans mon manteau, et je me couchai au bord de l'Eurotas, sous un laurier. La nuit était si pure et si sereine, que la voie lactée formait comme une aube réfléchie par l'eau du fleuve, et à la clarté de laquelle on aurait pu lire. Je m'endormis les yeux attachés au ciel.

Le 19, à trois heures du matin, nous sellâmes nos chevaux et nous partîmes. Je tournai la tête vers Sparte, et je jetai un dernier regard sur l'Eurotas : je ne pouvais me défendre de ce sentiment de tristesse qu'on éprouve en présence d'une grande ruine, et en quittant des lieux qu'on ne reverra jamais.

ARGOS. — MYCÈNES.

Au lever de l'aurore, j'étais à Argos : le village qui remplace cette ville célèbre est plus propre et plus animé que la plupart des autres villages de la Morée. Sa position est fort belle au fond du golfe de Nauplie ou d'Argos, à une lieue et demie de la mer ; il a d'un côté les montagnes de la Cynurie et de l'Arcadie, et de l'autre les hauteurs de Trézène et d'Epidaure.

Les terres me parurent incultes et désertes, les montagnes sombres et nues, sorte de nature féconde en grands crimes et en grandes

vertus. Je visitai ce qu'on appelle les restes du palais
d'Agamemnon, les débris du théâtre et d'un
aqueduc romain ; je montai à la citadelle, je voulais
voir jusqu'à la moindre pierre qu'avait pu remuer
la main du roi des rois. Qui se peut vanter de jouir
de quelque gloire auprès de ces familles chantées
par Homère, Eschyle, Sophocle, Euripide et Racine ? Et quand on voit pourtant sur les lieux
combien peu de chose reste de ces familles, on est
merveilleusement étonné !

Il y a déjà longtemps que les ruines d'Argos ne
répondent plus à la grandeur de son nom. Chandler
les trouva en 1756 absolument telles que je les ai
vues ; l'abbé Fourmont, en 1746, et Pellegrin,
en 1719, n'avaient pas été plus heureux. Les Vénitiens ont surtout contribué à la dégradation des
monuments de cette ville, en employant ses débris
à bâtir le château de la Palamide. Il avait à Argos,
du temps de Pausanias, une statue de Jupiter,
remarquable parce qu'elle avait trois yeux, et bien
plus remarquable encore par une autre raison : Sthé-
nélus l'avait apportée de Troie ; c'était, disait-on,
la statue même aux pieds de laquelle Priam fut
massacré dans son palais par le fils d'Achille :

> Ingens ara fuit, juxtaque veterrima laurus,
> Incumbens aræ, atque umbra complexa Penates.

Mais Argos, qui triomphait sans doute lorsqu'elle
montrait dans ses murs les Pénates qui trahirent
les foyers de Priam, Argos offrit bientôt elle-même
un grand exemple des vicissitudes du sort. Dès le

règne de Julien l'Apostat, elle était tellement déchue
de sa gloire, qu'elle ne put, à cause de sa pauvreté,
contribuer au rétablissement et aux frais des jeux
Isthmiques. Julien plaida sa cause contre les Corinthiens : nous avons encore ce plaidoyer dans les
ouvrages de cet empereur (*Ep.* xxv). C'est un des
plus singuliers documents de l'histoire des choses
et des hommes. Enfin Argos, la patrie du roi des
rois, devenue dans le moyen-âge l'héritage d'une
veuve vénitienne, fut vendue par cette veuve à la
république de Venise pour deux cents ducats de
rente viagère, et cinq cents une fois payés. Coro-
nelli rapporte le contrat : *Omnia vanitas!*

Nous causions sur la terrasse de la maison qui
dominait le golfe d'Argos : c'était peut-être du
haut de cette terrasse qu'une pauvre femme lança
la tuile qui mit fin à la gloire et aux aventures de
Pyrrhus. Près d'entrer dans les montagnes de la
Corinthie, vous voyiez Nauplie derrière nous.
L'endroit où nous étions parvenus se nomme
Carvati, et c'est là qu'il faut se détourner de la
route pour chercher un peu sur la droite les ruines
de Mycènes. Nous traversâmes une bruyère : un
petit sentier nous conduisit à ces débris, qui sont
à peu près tels qu'ils étaient du temps de Pausanias; car il y a plus de deux mille deux cent
quatre-vingts années que Mycènes est détruite.
Les Argiens la renversèrent de fond en comble,
jaloux de la gloire qu'elle s'était acquise en en-
voyant quarante guerriers mourir avec les Spartiates aux Thermopyles. Nous commençâmes par

examiner le tombeau auquel on a donné le nom de *tombeau d'Agamemnon :* c'est un monument souterrain, de forme ronde, qui reçoit la lumière par le dôme, et qui n'a rien de remarquable, hors la simplicité de l'architecture. On y entre par une tranchée qui aboutit à la porte du tombeau : cette porte était ornée de pilastres d'un marbre bleuâtre assez commun, tiré des montagnes voisines. C'est lord Elgin qui a fait ouvrir ce monument et déblayer les terres qui encombraient l'intérieur. Une petite porte surbaissée conduit de la chambre principale à une chambre de moindre étendue. Après l'avoir attentivement examinée, je crois que cette dernière chambre est tout simplement une excavation faite par les ouvriers hors du tombeau, car je n'ai point remarqué de murailles. Resterait à expliquer l'usage de la petite porte, qui n'était peut-être qu'une autre ouverture du sépulcre. Ce sépulcre a-t-il toujours été caché sous la terre, comme la rotonde des catacombes à Alexandrie? S'élevait-il, au contraire, au-dessus du sol, comme le tombeau de Cecilia Metella à Rome? Avait-il une architecture extérieure, et de quel ordre était-elle? Toutes questions qui restent à éclaircir. On n'a rien trouvé dans le tombeau, et l'on n'est pas même assuré que ce soit celui d'Agamemnon dont Pausanias a fait mention (1).

En sortant de ce monument, je traversai une

---

(1) Les Lacédémoniens se vantaient aussi de posséder les cendres d'Agamemnon.

vallée stérile ; et, sur le flanc d'une colline opposée,. je vis les ruines de Mycènes : j'admirai surtout une des portes de la ville, formée de quartiers de roches gigantesques posés sur les rochers mêmes de la montagne , avec lesquels elles ont l'air de ne faire qu'un tout. Deux lions de forme colossale, sculptés des deux côtés de cette porte , en sont le seul ornement : ils sont représentés en relief , debout et en regard , comme les lions qui soutenaient les armoiries de nos anciens chevaliers ; ils n'ont plus de têtes. Je n'ai point vu , même en Égypte , d'architecture plus imposante , et le désert où elle se trouve ajoute encore à sa gravité : elle est du genre de ces ouvrages que Strabon et Pausanias attribuent aux Cyclopes, et dont on retrouve des traces en Italie. M. Petit-Radel veut que cette architecture ait précédé l'invention des ordres. Au reste , c'était un enfant tout nu, un pâtre , qui me montrait dans cette solitude le tombeau d'Agamemnon et les ruines de Mycènes.

Au bas de la porte dont j'ai parlé est une fontaine qui sera, si l'on veut, celle que Persée trouva sous un champignon , et qui donna son nom à Mycènes : car *mycès* veut dire en grec un champignon, ou le pommeau d'une épée : ce conte est de Pausanias. En voulant regagner le chemin de Corinthe, j'entendis le sol retentir sous les pas de mon cheval. Je mis pied à terre , et je découvris la voûte d'un autre tombeau.

Pausanias compte à Mycènes cinq tombeaux ; le tombeau d'Atrée, celui d'Agamemnon , celui d'Eu-

rymédon, celui de Télédamus et de Pélops, et celui
d'Electre. Il ajoute que Clytemnestre et Egisthe
étaient enterrés hors des murs : ce serait donc le
tombeau de Clytemnestre et d'Egisthe que j'aurais
retrouvé? Je l'ai indiqué à M. Fauvel, qui doit le
chercher à son premier voyage à Argos : singulière
destinée qui me fait sortir tout exprès de Paris pour
découvrir les cendres de Clytemnestre !

CORINTHE.

Corinthe est située au pied des montagnes, dans
une plaine qui s'étend jusqu'à la mer de Crissa,
aujourd'hui le golfe de Lépante, seul nom moderne
qui, dans la Grèce, rivalise de beauté avec les noms
antiques. Quand le temps est serein, on découvre
par-delà cette mer la cime de l'Hélicon et du Parnasse ; mais on ne voit pas de la ville même la mer
Saronique ; il faut pour cela monter à l'Acro-Corinthe; alors on aperçoit non-seulement cette mer,
mais les regards s'étendent jusqu'à la citadelle d'A-
thènes et jusqu'au cap Colonne : « C'est, dit Spon,
» une des plus belles vues de l'univers. » Je le crois
aisément; car, même au pied de l'Acro-Corinthe, la
perspective est enchanteresse. Les maisons du village, assez grandes et assez bien entretenues, sont
répandues par groupes sur la plaine, au milieu des
mûriers, des orangers et des cyprès; les vignes, qui
font la richesse du pays, donnent un air frais et

fertile à la campagne. Elles ne sont ni élevées en guirlandes sur des arbres comme en Italie, ni tenues basses comme aux environs de Paris. Chaque cep forme un faisceau de verdure isolé autour duquel les grappes pendent en automne comme des cristaux. Les cimes du Parnasse et de l'Hélicon, le golfe de Lépante, qui ressemble à un magnifique canal, le mont Oneïus, couvert de myrtes, forment au nord et au levant l'horizon du tableau, tandis que l'Acro-Corinthe, les montagnes de l'Argolide et de la Sicyonie s'élèvent au midi et au couchant. Quant aux monuments de Corinthe, ils n'existent plus. M. Foucherot n'a découvert parmi les ruines que deux chapiteaux corinthiens, unique souvenir de l'ordre inventé dans cette ville.

Corinthe, renversée de fond en comble par Mummius, rebâtie par Jules César et par Adrien, une seconde fois détruite par Alaric, relevée encore par les Vénitiens, fut saccagée une troisième et dernière fois par Mahomet II. Strabon la vit peu de temps après son rétablissement, sous Auguste ; Pausanias l'admira du temps d'Adrien; et, d'après les monuments qu'il nous a décrits, c'était à cette époque une ville superbe. Il eût été curieux de savoir ce qu'elle pouvait être 1173, quand Benjamin de Tudèle y passa ; mais ce juif espagnol raconte gravement qu'il arriva à Patras, « ville d'Antipater, » dit-il, un des quatre rois grecs qui partagèrent » l'empire d'Alexandre.» De là il se rend à Lépante et à Corinthe : il trouve dans cette dernière ville trois cents juifs conduits par les vénérables rab-

2..

bins Léon , Jacob et Ezéchias ; et c'était tout ce
que Benjamin cherchait.

Un peuple maritime, un roi qui fut un philosophe et qui devint un tyran , un barbare de Rome,
qui croyait qu'on remplace des statues de Praxitèle
comme des cuirasses de soldats; tous ces souvenirs
ne rendent pas Corinthe fort intéressante : mais on
a pour ressource Jason, Médée, la fontaine Pyrène,
Pégase, les jeux Isthmiques institués par Thérèse et
chantés par Pindare ; c'est-à-dire , comme à l'ordi-
naire , la fable et la poésie. Je ne parle point de
Denys et de Timoléon : l'un qui fut assez lâche
pour ne pas mourir, l'autre assez malheureux pour
vivre. Si jamais je montais sur un trône , je n'en
descendrais que mort ; et je ne serai jamais assez
vertueux pour tuer mon frère : je ne me soucie
donc point de ces deux hommes.

On fait encore des vases à Corinthe , mais ce ne
sont plus ceux que Cicéron demandait avec tant
d'empressement à son cher Atticus. Il paraît , au
reste , que les Corinthiens ont perdu le goût qu'ils
avaient pour les étrangers : tandis que j'examinais
un marbre dans une vigne, je fus assailli d'une grêle
de pierres ; apparemment que les descendants de
Laïs veulent maintenir l'honneur du proverbe.

Lorsque les Césars relevaient les murs de Corinthe, et que les temples des dieux sortaient de
leurs ruines plus éclatants que jamais, il y avait un
ouvrier obscur (l'apôtre Paul) qui bâtissait en silence
un monument resté debout au milieu des débris de
la Grèce. Cet ouvrier était un étranger qui disait

de lui-même : « J'ai été battu de verges trois fois ;
» j'ai été lapidé une fois; j'ai fait naufrage trois fois.
» J'ai fait quantité de voyages, et j'ai trouvé divers
» périls sur les fleuves : périls de la part des voleurs,
» périls de la part de ceux de ma nation, périls
» de la part des Gentils, périls au milieu des villes,
» périls au milieu des déserts, périls entre les faux
» frères ; j'ai souffert toutes sortes de travaux et de
» fatigues, de fréquentes veilles, la faim et la soif,
» beaucoup de peines, le froid et la nudité. » Cet
homme ignoré des grands, méprisé de la foule,
rejeté comme « les balayures du monde, » ne
s'associa d'abord que deux compagnons, Crispus et
Caïus, avec la famille de Stéphanas : tels furent les
architectes inconnus d'un temple indestructible et
les premiers fidèles de Corinthe. Le voyageur par-
court des yeux l'emplacement de cette ville
célèbre : il ne voit pas un débris des autels du
paganisme, mais il aperçoit quelques chapelles
chrétiennes qui s'élèvent du milieu des cabanes
des Grecs. L'apôtre peut encore donner, du haut
du ciel, le salut de paix à ses enfants, et leur dire :
« **Paul** à l'église de Dieu, qui est à Corinthe. »

MÉGARE.

Mégare, qui conserve son nom, et le port de Nisée
qu'on appelle *Dôdeca Ecclésiais* (les Douze Eglises),
sans être très célèbres dans l'histoire, avaient autrefois de beaux monuments. La Grèce, sous les em-

pereurs romains., devait ressembler beaucoup à l'Italie dans le dernier siècle : c'était une terre classique où chaque ville était remplie de chefs-d'œuvre. On voyait à Mégare les douze grands dieux de la main de Praxitèle, un Jupiter-Olympien commencé par Théoscome et par Phidias, les tombeaux d'Alcmène, d'Iphigénie et de Térée. J'apercevais de Mégare les deux cimes du Parnasse : cela suffisait bien pour me mettre en mémoire les vers de Virgile et de La Fontaine :

Qualis populea mœrens Philomela, etc.
« Autrefois Progné l'hirondelle, etc. »

La Nuit ou l'Obscurité, et Jupiter-Conius avaient leurs temples à Mégare : on peut bien dire que ces deux divinités y sont restées. On voit çà et là quelques murs d'enceinte : j'ignore si ce sont ceux qu'Apollon bâtit de concert avec Alcathoüs. Le dieu, en travaillant à cet ouvrage, avait posé sa lyre sur une pierre qui depuis ce temps rendait un son harmonieux quand on la touchait avec un caillou. L'abbé Fourmont recueillit trente inscriptions à Mégare. Pococke, Spon, Wheler et Chandler en trouvèrent quelques autres qui n'ont rien d'intéressant. Je ne cherchai point l'école d'Euclide ; j'aurais mieux aimé la maison de cette pieuse femme qui enterra les os de Phocion sous son foyer.

ATHÈNES.

Enfin le grand jour de notre entrée à Athènes se leva. Le 28, à trois heures du matin, nous étions tous à cheval : nous commençâmes à défiler en silence par la voie Sacrée : je puis assurer que l'initié le plus dévot à Cérès n'a jamais éprouvé un transport aussi vif que le mien. Nous avions mis nos beaux habits pour la fête ; le janissaire avait retourné son turban, et, par extraordinaire , on avait frotté et pansé les chevaux. Nous traversâmes le lit d'un torrent appelé *Saranta-Potamo* ou *les Quarante Fleuves*, probablement le Céphise Eleusinien : nous vîmes quelques débris d'églises chrétiennes ; ils doivent occuper la place du tombeau de ce Zarex qu'Apollon lui-même avait instruit dans l'art des chants. D'autres ruines nous annoncèrent les monuments d'Eumolpe et d'Hippothoon; nous trouvâmes les rhiti ou les courants d'eau salée : c'était là que, pendant les fêtes d'Eleusis , les gens du peuple insultaient les passants, en mémoire des injures qu'une vieille femme avait dites autrefois à Cérès. De là passant au fond, ou au point extrême du canal de Salamine, nous nous engageâmes dans le défilé que forment le mont Parnès et le mont Ægalée : cette partie de la voie Sacrée s'appelait *le Mystique*. Nous aperçûmes le monastère de Daphné , bâti sur les débris du temple d'Apollon, et dont l'église est une des plus anciennes de l'Attique. Un peu plus loin nous remarquâmes quelques restes du temple de Vénus. Enfin le défilé commence à s'élargir ; nous tournons autour du mont Pœcile placé au milieu du chemin, comme pour masquer le tableau ; et tout à coup nous découvrons la plaine d'Athènes.

Les voyageurs qui visitent la ville de Cécrops arrivent ordinairement par le Pirée ou par la route de Nègrepont. Ils perdent alors une partie du spectacle, car on n'aperçoit que la citadelle quand on vient de la mer ; et l'Anchesme coupe la perspective quand on descend de l'Eubée. Mon étoile m'avait amené par le véritable chemin pour voir Athènes dans toute sa gloire.

La première chose qui frappa mes yeux, ce fut la citadelle éclairée du soleil levant : elle était juste en face de moi, de l'autre côté de la plaine, et semblait appuyée sur le mont Hymette qui faisait le fond du tableau. Elle présentait, dans un assemblage confus, les chapiteaux des Propylées, les colonnes du Parthénon et du temple d'Erechthée, les embrasures d'une muraille chargée de canons, les débris gothiques des chrétiens, et les masures des musulmans.

Deux petites collines, l'Anchesme et le Musée, s'élevaient au nord et au midi de l'Acropolis. Entre ces deux collines, et au pied de l'Acropolis, Athènes se montrait à moi : ses toits aplatis, entremêlés de minarets, de cyprès, de ruines, de colonnes isolées, les dômes de ses mosquées couronnés par de gros nids de cigognes, faisaient un effet agréable aux rayons du soleil. Mais si l'on reconnaissait encore

Athènes à ses débris , on voyait aussi , à l'ensemble de son architecture et au caractère général des monuments, que la ville de Minerve n'était plus habitée par son peuple.

Une enceinte de montagnes , qui se termine à la mer, forme la plaine ou le bassin d'Athènes. Du point où je voyais cette plaine au mont Pœcile, elle paraissait divisée et trois bandes ou régions, courant dans une direction parallèle du nord au midi. La première de ces régions, et la plus voisine de moi, était inculte et couverte de bruyères ; la seconde offrait un terrain labouré où l'on venait de faire la moisson ; la troisième présentait un long bois d'oliviers qui s'étendait un peu circulairement depuis les sources de l'Ilissus, en passant au pied de l'Anchesme, jusque vers le port de Phalère. Le Céphise coule dans cette forêt qui , par sa vieillesse, semble descendre de l'olivier que Minerve fit sortir de la terre. L'Ilissus a son lit desséché de l'autre côté d'Athènes , entre le mont Hymette et la ville. La plaine n'est pas parfaitement ûnie : une petite chaîne de collines détachées du mont Hymette en surmonte le niveau , et forme les différentes hauteurs sur lesquelles Athènes plaça peu à peu ses monuments.

Ce n'est pas dans le premier moment d'une émotion très vive que l'on jouit le plus de ses sentiments. Je m'avançais vers Athènes avec une espèce de plaisir qui m'ôtait le pouvoir de la réflexion ; non que j'éprouvasse quelque chose de semblable à ce que j'avais senti à la vue de Lacédémone. Sparte et Athènes ont conservé jusque dans leurs ruines leurs différents caractères : celles de la première sont tristes, graves et solitaires; celles de la seconde sont riantes, légères, habitées. A l'aspect de la patrie de Lycurgue, toutes les pensées deviennent sérieuses, mâles et profondes ; l'âme fortifiée semble s'élever et s'agrandir ; devant la ville de Solon, on est comme enchanté par les prestiges du génie ; on a l'idée de la perfection de l'homme considéré comme un être intelligent et immortel. Les hauts sentiments de la nature humaine prenaient à Athènes quelque chose d'élégant qu'ils n'avaient point à Sparte. L'amour de la patrie et de la liberté n'était point pour les Athéniens un instinct aveugle, mais un sentiment éclairé, fondé sur ce goût du beau dans tous les genres, que le ciel leur avait si libéralement départi : enfin, en passant des ruines de Lacédémone aux ruines d'Athènes, je sentis que j'aurais voulu mourir avec Léonidas, et vivre avec Périclès.

Nous marchions vers cette petite ville, dont le territoire s'étendait à quinze ou vingt lieues, dont la population n'égalait pas celle d'un faubourg de Paris, et qui balance dans l'univers la renommée de l'empire romain.

Je ne connais rien qui soit plus à la gloire des Grecs que ces paroles de Cicéron : «Souvenez-vous, » Quintius, que vous commandez à des Grecs qui » ont civilisé tous les peuples, en leur enseignant » la douceur et l'humanité, et à qui Rome doit les » lumières qu'elle possède. » Lorsqu'on songe à ce que Rome était au temps de Pompée et de César,

à ce que Cicéron était lui-même, on trouve dans
ce peu de mots un magnifique éloge.

Des trois bandes ou régions qui divisaient devant
nous la plaine d'Athènes, nous traversâmes rapidement les deux premières, la région inculte et la région cultivée. On ne voit plus sur cette partie de
la route le monument du Rhodien et le tombeau de
la courtisane, mais on aperçoit des débris de quelques églises. Nous entrâmes dans le bois d'oliviers :
avant d'arriver au Céphise, on trouvait deux tombeaux et un autel de Jupiter-l'Indulgent. Nous dis-
tinguâmes bientôt le lit du Céphise entre les troncs
dés oliviers qui le bordaient comme de vieux saules :
je mis pied à terre pour saluer le fleuve et pour
boire de son eau ; j'en trouvai tout juste ce qu'il
m'en fallait dans un creux sous la rive ; le reste avait
été détourné plus haut pour arroser les plantations
d'oliviers. Je me suis toujours fait un plaisir de
boire de l'eau des rivières célèbres que j'ai passées
dans ma vie : ainsi j'ai bu des eaux du Mississipi, de
la Tamise, du Rhin, du Pô, du Tibre, de l'Eurotas,
du Céphise, de l'Hermus, du Granique, du Jourdain, du Nil, du Tage et de l'Ebre. Que d'hommes
au bord de ces fleuves peuvent dire comme les
Israélites : *sedimus et flevimus!*

J'aperçus à quelque distance sur ma gauche les
débris du pont que Xénoclès de Linde avait fait bâtir
sur le Céphise. Je remontai à cheval, et je ne cherchai point à voir le figuier sacré, l'autel de Zéphyre,
la colonne d'Antémocrite ; car le chemin moderne
ne suit plus dans cet endroit l'ancienne voie Sacrée.

En sortant du bois d'oliviers nous trouvâmes un jardin environné de murs, et qui occupe à peu près la place du Céramique extérieur. Nous mîmes une demi-heure pour nous rendre à Athènes, à travers un chaume de froment. Un mur moderne nouvellement réparé, et ressemblant à un mur de jardin, renferme la ville. Nous en franchîmes la porte et nous pénétrâmes dans de petites rues champêtres, fraîches et assez propres : chaque maison a son jardin planté d'orangers et de figuiers. Le peuple me parut gai et curieux, et n'avait point l'air abattu des Moraïtes. On nous enseigna la maison du consul.

Je ne pouvais être mieux adressé qu'à M. Fauvel pour voir Athènes.

On ne s'attend pas sans doute que je donne ici une description complète d'Athènes.

Sans faire de l'érudition aux dépens de mes prédécesseurs, je rendrai compte de mes courses et de mes sentiments à Athènes, jour par jour et heure par heure, selon le plan que j'ai suivi jusqu'ici. Encore une fois, cet *Itinéraire* doit être regardé beaucoup moins comme un voyage que comme les mémoires d'une année de ma vie. . . . .

Deux voyageurs anglais venaient de quitter Athènes lorsque j'y arrivai : il y restait encore un peintre russe qui vivait fort solitaire. Athènes et très fréquentée des amateurs de l'antiquité, parce qu'elle est sur le chemin de Constantinople, et qu'on y arrive facilement par mer.

Vers les quatre heures du soir, la grande chaleur étant passée, M. Fauvel fit appeler son janissaire et

le mien, et nous sortîmes, précédés de nos gardes ;
le cœur me battait de joie, et j'étais honteux de me
trouver si jeune. Mon guide me fit remarquer, presque à sa porte, les restes d'un temple antique. De là
nous tournâmes à droite, et nous marchâmes par
de petites rues fort peuplées. Nous passâmes au
bazar, frais et bien approvisionné en viande, en
gibier, en herbes et en fruits. Tout le monde saluait
M. Fauvel, et chacun voulait savoir qui j'étais, mais
personne ne pouvait prononcer mon nom. C'était
comme dans l'ancienne Athènes : *Athenienses autem
omnes*, dit saint Luc, *ad nihil aliud vocabant nisi
aut dicere, aut audire aliquid novi;* quant aux Turcs,
ils disaient : *Fransouse! Effendi!* et ils fumaient
leurs pipes : c'était ce qu'ils avaient de mieux à
faire. Les Grecs, en nous voyant passer, levaient
leurs bras par-dessus leurs têtes, et criaient : *Kalôs
ilthete Archondes! Bate kala eis palæo Athinan!*
« Bien venus, messieurs ! bon voyage aux ruines
» d'Athènes ! » Et ils avaient l'air aussi fiers que s'ils
nous avaient dit : « Vous allez chez Phidias ou chez
» Ictinus. » Je n'avais pas assez de mes yeux pour
regarder; je croyais voir des antiquités partout.
M. Fauvel me faisait remarquer çà et là des mor-
ceaux de sculpture qui servaient de bornes, de
murs ou de pavés : il me disait combien ces fragments avaient de pieds, de pouces et de lignes; à
quel genre d'édifices ils appartenaient ; ce qu'il en
fallait présumer d'après Pausanias; quelles opinions
avaient eues à ce sujet l'abbé Barthélemi, Spon,
Wheler, Chandler ; en quoi ces opinions lui sem-

blaient (à lui M. Fauvel) justes ou mal fondées.
Nous nous arrêtions à chaque pas ; les janissaires et
des enfants du peuple, qui marchaient devant nous,
s'arrêtaient partout où ils voyaient une moulure,
une corniche, un chapiteau ; ils cherchaient à lire
dans les yeux de M. Fauvel si cela était bon ; quand
le consul secouait la tête, ils secouaient la tête et
allaient se placer quatre pas plus loin devant un
autre débris. Nous fûmes conduits ainsi hors du
centre de la ville moderne, et nous arrivâmes à la
partie de l'ouest que M. Fauvel voulait d'abord me
faire visiter, afin de procéder par ordre dans nos
recherches.

En sortant du milieu de l'Athènes moderne, et
marchant droit au couchant, les maisons commen-
cent à s'écarter les unes des autres ; ensuite viennent de grands espaces vides, les uns compris dans
le mur de clôture, les autres en dehors de ce mur :
c'est dans ces espaces abandonnés que l'on trouve
le temple de Thésée, le Pnyx et l'Aréopage. Je ne
décrirai point le premier, qui est décrit partout, et
qui ressemble assez au Parthénon ; je le compren-
drai dans les réflexions générales que je me per-
mettrai de faire bientôt au sujet de l'architecture
des Grecs. Ce temple est au reste le monument le
mieux conservé à Athènes : après avoir longtemps
été une église sous l'invocation de Saint-Georges, il
sert aujourd'hui de magasin.

L'Aréopage était placé sur une éminence à l'occident de la citadelle. On comprend à peine comment
on a pu construire sur le rocher où l'on voit des

ruines un monument de quelque étendue. Une petite vallée, appelée dans l'ancienne Athènes *Cœlé*
(le creux), sépare la colline de l'Aréopage de la
colline de Pnyx et de la colline de la citadelle. On
montrait dans le Cœlé les tombeaux des deux Ci-
mon, de Thucydide et d'Hérodote. Le Pnyx, où les
Athéniens tenaient d'abord leurs assemblées publiques, est une esplanade pratiquée sur une roche
escarpée, au revers du Lycabettus. Un mur composé
de pierres énormes soutient cette esplanade du côté
du nord ; au midi s'élève une tribune creusée dans
le roc même, et l'on y monte par quatre degrés
également taillés dans la pierre. Je remarque ceci,
parce que les anciens voyageurs n'ont pas bien connu
la forme du Pnyx. Lord Elgin a fait depuis peu
d'années désencombrer cette colline, et c'est à lui
qu'on doit la découverte des degrés. Comme on n'est
pas là tout-à-fait à la cime du rocher, on n'aperçoit
la mer qu'en montant au-dessus de la tribune : on
ôtait ainsi au peuple la vue du Pirée, afin que des
orateurs factieux ne le jetassent pas dans des entre-
prises téméraires, à l'aspect de sa puissance et de
ses vaisseaux (1).

Les Athéniens étaient rangés sur l'esplanade entre le mur circulaire que j'ai indiqué au nord, et la
tribune au midi.

C'était donc à cette tribune que Périclès, Alci-
biade et Démosthènes firent entendre leur voix ; que

____

(1) L'histoire varie sur ce fait. D'après une autre version, ce furen
les tyrans qui obligèrent les orateurs à tourner le dos au Pirée.

Socrate et Phocion parlèrent au peuple le plus léger
et le plus spirituel de la terre ? C'était donc là que
se sont commises tant d'injustices ; que tant de dé-
crets iniques ou cruels ont été prononcés ? Ce fut
peut-être ce lieu qui vit bannir Aristide, triompher
Mélitus, condamner à mort la population entière
d'une ville, vouer un peuple entier à l'esclavage ?
Mais aussi ce fut là que de grands citoyens firent
éclater leurs généreux accents contre les tyrans de
leur patrie, que la justice triompha, que la vérité
fut écoutée. « Il y a un peuple, disaient les députés
» de Corinthe aux Spartiates, un peuple qui ne res-
» pire que les nouveautés ; prompt à concevoir,
» prompt à exécuter, son audace passe sa force.
» Dans les périls où souvent il se jette sans ré-
» flexion, il ne perd jamais l'espérance ; naturelle-
» ment inquiet, il cherche à s'agrandir au dehors ;
» vainqueur, il s'avance et suit sa victoire ; vaincu,
» il n'est point découragé. Pour les Athéniens, la vie
» n'est pas une propriété qui leur appartienne, tant
» ils la sacrifient aisément à leur pays ! Ils croient
» qu'on les a privés d'un bien légitime toutes les
» fois qu'ils n'obtiennent pas l'objet de leurs désirs.
» Ils remplacent un dessein trompé par une nouvelle
» espérance. Leurs projets à peine conçus sont déjà
» exécutés. Sans cesse occupés de l'avenir, le pré-
» sent leur échappe : peuple qui ne connaît point le
» repos, et ne peut le souffrir dans les autres.
Et ce peuple, qu'est-il devenu ? Où le trouverai-
je ? Moi qui traduisais ce passage au milieu des ruines d'Athènes, je voyais les miracles des musul-

mans, et j'entendais parler des chrétiens. C'est à Jérusalem que j'allais chercher la réponse à cette question, et je connaissais déjà d'avance les paroles de l'oracle : *Dominus mortificat et vivificat; deducit ad inferos et reducit.*

Le jour n'était pas encore à sa fin : nous passâmes du Pnyx à la colline du Musée. On sait que cette colline est couronnée par le monument de Philopappus, monument d'un mauvais goût; mais c'est le mort et non le tombeau qui mérite ici l'attention du voyageur. Cet obscur Philopappus, dont le sépulcre se voit de si loin, vivait sous Trajan. Pausanias ne daigne pas le nommer, et l'appelle un *Syrien*. On voit dans l'inscription de sa statue qu'il était de Bêsa, bourgade de l'Attique. Eh bien ! ce Philopappus s'appelait *Antiochus Philopappus;* c'était le légitime héritier de la couronne de Syrie ! Pompée avait transporté à Athènes les descendants du roi Antiochus, et ils étaient devenus de simples citoyens. Je ne sais si les Athéniens, comblés des bienfaits d'Antiochus, compatirent aux maux de sa famille détrônée; mais il paraît que ce Philopappus fut au moins consul désigné. La fortune, en le faisant citoyen d'Athènes et consul de Rome à une époque où ces deux titres n'étaient plus rien, semblait vouloir se jouer encore de ce monarque déshérité, le consoler d'un songe par un songe ; et montrer sur une seule tête qu'elle se rit également de la majesté des peuples et de celle des rois.

Le monument de Philopappus nous servit comme d'observatoire pour contempler d'autres vanités.

M. Fauvel m'indiqua les divers endroits par où passaient les murs de l'ancienne ville ; il me fit voir les
ruines du théâtre de Bacchus, au pied de la citadelle ; le lit desséché de l'Hissus, la mer sans vaisseaux, et les ports déserts de Phalère, de Munychie
et du Pirée.

Nous rentrâmes ensuite dans Athènes : il était
nuit ; le consul envoya prévenir le commandant de
la citadelle que nous y monterions le lendemain
avant le lever du soleil. . . . .

Comme pour insulter à l'instabilité des sociétés
humaines, les animaux même n'éprouvent ni boulever-
sements dans leurs empires, ni altération dans leurs
mœurs. J'avais vu, lorsque nous étions sur la colline du Musée, des cigognes se former en bataillon, et
prendre leur vol vers l'Afrique. Depuis deux mille ans
elles font ainsi le même voyage ; elles sont restées libres et heureuses dans la ville de Solon comme dans la
ville du chef des ennuques noirs. Du haut de leurs
nids, que les révolutions ne peuvent atteindre, elles
ont vu au-dessous d'elles changer la race des mortels :
tandis que des générations impies se sont élevées
sur les tombeaux des générations religieuses, la
jeune cigogne a toujours nourri son vieux père. Si
je m'arrête à ces réflexions, c'est que la cigogne est
aimée des voyageurs ; comme eux « elle connaît les
saisons dans le ciel. » Ces oiseaux furent souvent
les compagnons de mes courses dans les solitudes
de l'Amérique ; je les vis souvent perchés sur les
Wigwum du Sauvage : en les retrouvant dans une
espèce de désert, sur les ruines du Parthénon, je

n'ai pu m'empêcher de parler un peu de mes anciens amis.

Le lendemain 24, à quatre heures et demie du
matin, nous montâmes à la citadelle ; son sommet
est environné de murs moitié antiques, moitié modernes ; d'autres murs circulaient autrefois autour
de sa base. Dans l'espace que renferme ces murs,
se trouvent d'abord les restes des Propylées et les
débris du temple de la Victoire (1). Derrière les Propylées, à gauche, vers la ville, on voit ensuite le
Pandroséum et le double temple de Neptune-Erech-
thée et de Minerve Polias ; enfin, sur le point le
plus éminent de l'Acropolis, s'élève le temple de
Minerve ; le reste de l'espace est obstrué par les décombres des bâtiments anciens et nouveaux, et par
les tentes, les armes et les baraques des Turcs.

Le rocher de la citadelle peut avoir à son sommet huit cents pieds de long sur quatre cents de
large ; sa forme est à peu près celle d'un ovale dont
l'ellipse irait en se rétrécissant du côté du mont
Hymette : on dirait un piédestal taillé tout exprès
pour porter les magnifiques édifices qui le couron-
naient.

Je n'entrerai point dans la description particulière de chaque monument : je renvoie le lecteur
aux ouvrages que j'ai si souvent cités ; et, sans
répéter ici ce que chacun peut trouver ailleurs, je
me contenterai de quelques réflexions générales.

La première chose qui vous frappe dans les mo-

(1) Le temple de la Victoire formait l'aile droite des Propylées.

Itinéraire.   3

numents d'Athènes, c'est la belle couleur de ces monuments. Dans nos climats, sous une atmosphère chargée de fumée et de pluie, la pierre du blanc le plus pur devient bientôt noire ou verdâtre. Le ciel clair et le soleil brillant de la Grèce répandent seulement sur le marbre du Paros et du Pentélique une teinte dorée semblable à celle des épis mûrs ou des feuilles en automne.

La justesse, l'harmonie et la simplicité des proportions attirent ensuite votre admiration. On ne voit point ordre sur ordre, colonne sur colonne, dôme sur dôme. Le temple de Minerve, par exemple, est, ou plutôt était un simple parallélogramme allongé, orné d'un péristyle, d'un pronaos ou portique, et élevé sur trois marches ou degrés qui régnaient tout autour. Ce pronaos occupait à peu près le tiers de la longueur totale de l'édifice ; l'intérieur du temple se divisait en deux nefs séparées par un mur, et qui ne recevaient le jour que par la porte : dans l'une on voyait la statue de Minerve, ouvrage de Phidias ; dans l'autre, on gardait le trésor des Athéniens. Les colonnes du péristyle et du portique reposaient immédiatement sur les degrés du temple ; elles étaient sans bases, cannelées et d'ordre dorique ; elles avaient quarante-deux pieds de hauteur et dix-sept et demi de tour près du sol ; l'entre-colonnement était de sept pieds quatre pouces, et le monument avait deux cents dix-huit pieds de long, et quatre-vingt-dix-huit et demi de large.

Les triglyphes de l'ordre dorique marquaient la frise du péristyle : des métopes ou petits tableaux

de marbre à coulisse séparaient entre eux les triglyphes. Phidias ou ses élèves avaient sculpté sur
ces métopes le combat des Centaures et des Lapithes.
Le haut du plein mur du temple, ou la frise de la
cella, était décorée d'un autre bas-relief représentant peut-être la fête des Panathénées. Des mor-
ceaux de sculptures excellents, mais du siècle
d'Adrien, époque du renouvellement de l'art, occu-
paient les deux frontons du temple. Les offrandes
votives, ainsi que les boucliers enlevés à l'ennemi
dans le cours de la guerre Médique, étaient sus-
pendus en dehors de l'édifice : on voit encore la
marque circulaire que les derniers ont imprimée
sur l'architrave du fronton qui regarde le mont
Hymette. Entre ces boucliers on avait mis des inscriptions : elles étaient vraisemblablement écrites
en lettres de bronze, à en juger par les marques
des clous qui attachaient ces lettres. De pareilles
marques ont suffi pour rétablir et lire l'inscription
de la Maison-Carrée à Nîmes. Je suis convaincu
que, si les Turcs le permettaient, on pourrait
aussi parvenir à déchiffrer les inscriptions du Parthénon.

Tel était ce temple qui a passé à juste titre pour
le chef-d'œuvre de l'architecture chez les anciens et
chez les modernes : l'harmonie et la force de toutes
ses parties se font encore remarquer dans ses ruines;
car on en aurait une très fausse idée, si l'on se représentait seulement un édifice agréable, mais petit et chargé de ciselures et de festons à notre manière. Il y a toujours quelque chose de grêle dans

notre architecture quand nous visons à l'élégance,
ou de pesant quand nous prétendons à la majesté.
Voyez comme tout est calculé au Parthénon! L'ordre
est dorique, et le peu de hauteur de la colonne dans
cet ordre vous donne à l'instant l'idée de la durée
et de la solidité; mais cette colonne qui, de plus,
est sans base, deviendrait trop lourde. Ictinus a
recours à son art : il fait la colonne cannelée, et l'é-
lève sur des degrés; par ce moyen il introduit
presque la légèreté du corinthien dans la gravité
dorique. Pour tout ornement vous avez deux frontons et deux frises sculptées. La frise du péristyle se
compose de petits tableaux de marbre régulière-
ment divisés par un triglyphe : à la vérité, chacun
de ces tableaux est un chef-d'œuvre; la frise de la
cella règne comme un bandeau au haut d'un mur
plein et uni : voilà tout, absolument tout. Qu'il y a
loin de cette sage économie d'ornements, de cet
heureux mélange de simplicité, de force et de grâce,
à notre profusion de découpures en carré, en long,
en rond, en losange; à nos colonnes fluettes guin-
dées sur d'énormes bases, ou à nos porches ignobles
et écrasés que nous appelons des *portiques!*

Il ne faut pas se dissimuler que l'architecture,
considérée comme art, est dans son principe émi-
nemment religieuse : elle fut inventée pour le culte
de la Divinité. . . . .

Athènes est remplie d'ouvrages prodigieux.
Les Athéniens, peuple si peu riche, si peu nombreux, ont remué des masses gigantesques : les
pierres du Pnyx sont de véritables quartiers de

rocher, les Propylées formaient un travail immense,
et les dalles de marbre qui les couvraient étaient
d'une dimension telle qu'on n'en a jamais vu de
semblables ; la hauteur des colonnes du temple
de Jupiter-Olympien passe peut-être soixante pieds,
et le temple entier avait un demi-mille de tour :
les murs d'Athènes, en y comprenant ceux des trois
ports et les longues murailles , s'étendaient sur un
espace de près de neuf lieues (1); les murailles qui
réunissaient la ville au Pirée étaient assez larges
pour que deux chars y pussent courir de front, et ,
de cinquante en cinquante pas , elles étaient flanquées de tours carrées. Les Romains n'ont jamais
élevé de fortifications plus considérables.

Par quelle fatalité ces chefs-d'œuvre de l'antiquité, que les modernes vont admirer si loin et avec
tant de fatigues , doivent-ils en partie leur destruction aux modernes? Le Parthénon subsista dans
son entier jusqu'en 1687 : les chrétiens le converti-
rent d'abord en église, et les Turcs, par jalousie des
chrétiens, le changèrent à leur tour en mosquée. Il
faut que les Vénitiens viennent, au milieu des lumières du dix-septième siècle , canonner les monuments de Périclès; ils tirent à boulets rouges sur
les Propylées et le temple de Minerve ; une bombe
tombe sur ce dernier édifice, enfonce la voûte, met
le feu à des barils de poudre, et fait sauter en partie
un édifice qui honorait moins les faux dieux des
Grecs que le génie de l'homme. La ville étant

(1) Deux cents stades , selon Dion Chrysostôme

prise, Morosini, dans le dessein d'embellir Venise des débris d'Athènes, veut descendre les statues du fronton du Parthénon et les brise. Un autre moderne vient d'achever, par amour des arts, la destruction que les Vénitiens avaient commencée.

Nous employâmes la matinée entière à visiter la citadelle. Les Turcs avaient autrefois accolé le minaret d'une mosquée au portique du Parthénon. Nous montâmes par l'escalier à moitié détruit de ce minaret, nous nous assîmes sur une partie brisée de la frise du temple. Nous avions le mont Hymette à l'est, le Pentélique au nord, le Parnès au nord-ouest ; les monts Icare, Cordylalus ou OEgalée à l'ouest, et par-dessus le premier on apercevait la cime du Cithérou ; au sud-ouest et au midi, on voyait la mer, le Pirée, les côtes de Salamine, d'Egine, d'Epidaure, et la citadelle de Corinthe.

Au-dessous de nous, dans le bassin dont je viens de décrire la circonférence, on distinguait les collines et la plupart des monuments d'Athènes : au sud-ouest, la colline du Musée avec le tombeau de Philopappus; à l'ouest, les rochers de l'Aréopage, du Pnyx et du Lycabettus ; au nord, le petit mont Anchesme, et à l'est les hauteurs qui dominent le Stade. Au pied même de la citadelle, on voyait les débris du théâtre de Bacchus et d'Hérode-Atticus. A la gauche de ces débris venaient les grandes colonnes isolées du temple de Jupiter-Olympien; plus loin encore, en tirant vers le nord-est, on apercevait l'enceinte du Lycée, le cours de l'Ilissus, le Stade

et un temple de Diane ou de Cérès. Dans la partie
de l'ouest et du nord-ouest , vers le grand bois d'o-
liviers, M. Fauvel me montrait la place du Céramique extérieur, de l'Académie et de son chemin
bordé de tombeaux. Enfin , dans la vallée formée
par l'Anchesme et la citadelle , on découvrait la
ville moderne.

Il faut maintenant se figurer tout cet espace tantôt nu et couvert d'une bruyère jaune, tantôt coupé
par des bouquets d'oliviers, par des carrés d'orge,
par des sillons de vignes ; il faut se représenter des
fûts de colonnes et des bouts de ruines anciennes
et modernes, sortant du milieu de ces cultures; des
murs blanchis et des clôtures de jardins traversant
les champs : il faut répandre dans la campagne des
Albanaises qui tirent de l'eau ou qui lavent à des
puits les robes des Turcs ; des paysans qui vont et
viennent, conduisant des ânes, ou portant sur leur
dos des provisions à la ville : il faut supposer toutes
ces ruines si célèbres, toutes ces îles, toutes ces
mers non moins fameuses, éclairées d'une lumière
éclatante. J'ai vu , du haut de l'Acropolis, le soleil
se lever entre les deux cimes du mont Hymette :
les corneilles qui nichent autour de la citadelle ,
mais qui ne franchissent jamais son sommet , pla-
naient au-dessous de nous; leurs ailes noires et lus-
trées étaient glacées de rose par les premiers reflets
du jour; des colonnes de fumée bleue et légère
montaient dans l'ombre le long des flancs de l'Hymette , et annonçaient les parcs ou les chalets des
abeilles ; Athènes, l'Acropolis et les débris du Par-

thénon se coloraient de la plus belle teinte de la
fleur du pêcher; les sculptures de Phidias, frappées
horizontalement d'un rayon d'or, s'animaient et
semblaient se mouvoir sur le marbre par la mobi-
lité des ombres du relief; au loin, la mer et le Pirée
étaient tout blancs de lumière ; et la citadelle de
Corinthe, renvoyant l'éclat du jour nouveau , bril-
lait sur l'horizon du couchant comme un rocher
de pourpre et de feu.

Du lieu où nous étions placés nous aurions pu
voir, dans les beaux jours d'Athènes , les flottes
sortir du Pirée pour combattre l'ennemi ou pour se
rendre aux fêtes de Délos ; nous aurions pu entendre éclater au théâtre de Bacchus les douleurs
d'OEdipe, de Philoctète et d'Hécube; nous aurions
pu ouïr les applaudissements des citoyens aux dis-
cours de Démosthènes. Mais , hélas ! aucun son ne
frappait notre oreille. A peine quelques cris échappés
à une populace esclave sortaient par intervalles
de ces murs qui retentirent si longtemps de la voix
d'un peuple libre. Je me disais, pour me consoler,
ce qu'il faut se dire sans cesse : Tout passe , tout
finit dans ce monde. Où sont allés les génies divins
qui élevèrent le temple sur les débris duquel j'étais
assis ? Ce soleil, qui peut-être éclairait les derniers
soupirs de la pauvre fille de Mégare, avait vu mourir
la brillante Aspasie. Ce tableau de l'Attique, ce spectacle que je contemplais , avait été contemplé par
des yeux fermés depuis deux mille ans. Je passerai
à mon tour : d'autres hommes aussi fugitifs que moi
viendront faire les mêmes réflexions sur les mêmes

ruines. Notre vie et notre cœur sont entre les mains
de Dieu : laissons-le donc disposer de l'une comme
de l'autre.

Nous allâmes dîner en sortant de la citadelle, et
le soir du même jour nous nous transportâmes au
Stade, de l'autre côté de l'Ilissus. Ce Stade conserve parfaitement sa forme : on n'y voit plus les
gradins de marbre dont l'avait décoré Hérode-
Atticus.

Voici un fait curieux que je tiens de M. Fauvel : pour peu que l'on creuse dans le lit de
l'Ilissus, on trouve l'eau à une très petite profondeur : cela est si bien connu des paysannes albanaises, qu'elles font un trou dans la grève du
ravin quand elles veulent laver du linge, et sur-le-
champ elles ont de l'eau. Il est donc très probable
que le lit de l'Ilissus s'est peu à peu encombré des
pierres et des graviers descendus des montagnes
voisines, et que l'eau coule à présent entre deux
sables.

En revenant de l'Ilissus. M. Fauvel me fit passer
sur des terrains vagues où l'on doit chercher l'emplacement du Lycée. Nous vînmes ensuite aux
grandes colonnes isolées, placées dans le quartier
de la ville qu'on appelait la *Nouvelle Athènes*, ou
l'*Athènes de l'empereur Adrien*. Spon veut que ces
colonnes soient les restes du portique des Cent-
Vingt-Colonnes ; et Chandler présume qu'elles appartenaient au temple de Jupiter-Olympien. M. Le-
chevalier et les autres voyageurs en ont parlé. Elles
sont bien représentées dans les différentes vues

3..

d'Athènes, et surtout dans l'ouvrage de Stuart, qui a rétabli l'édifice entier d'après les ruines. Sur une portion d'architrave qui unit encore deux de ces colonnes, on remarque une masure, jadis la demeure d'un ermite. Il est impossible de comprendre comment cette masure a pu être bâtie sur le chapiteau de ces prodigieuses colonnes, dont la hauteur est peut-être de plus de soixante pieds. Ainsi ce vaste temple, auquel les Athéniens travaillèrent pendant sept siècles, que tous les rois de l'Asie voulurent achever, qu'Adrien, maître du monde, eut seul la gloire de finir, ce temple a succombé sous l'effort du temps, et la cellule d'un solitaire est demeurée debout sur ses débris ! Une misérable loge de plâtre est portée dans les airs par deux colonnes de marbre, comme si la fortune avait voulu exposer à tous les yeux, sur ce magnifique piédestal, un monument de ses triomphes et de ses caprices.

Ces colonnes, quoique beaucoup plus hautes que celles du Parthénon, sont bien loin d'en avoir la beauté : la dégénération de l'art s'y fait sentir; mais, comme elles sont isolées et dispersées sur un terrain nu, elles font un effet surprenant. Je me suis arrêté à leur pied pour entendre le vent siffler autour de leur tête : elles ressemblent à ces palmiers solitaires que l'on voit çà et là parmi les ruines d'Alexandrie. Lorsque les Turcs sont menacés de quelques calamités, ils amènent un agneau dans ce lieu et le contraignent à bêler, en lui dressant la tête vers le ciel : ne pouvant trouver la voix de l'innocence parmi les hommes, ils ont recours au nouveau-né de la brebis pour fléchir la colère céleste.

Nous rentrâmes dans Athènes par le portique où se lit l'inscription si connue :

C'EST ICI LA VILLE D'ADRIEN
ET NON PAS LA VILLE DE THÉSÉE.

Si Chandler fut étonné de la solitude du Pirée, je puis assurer que je n'en ai pas moins été frappé que lui. Nous avions fait le tour d'une côte déserte ; trois ports s'étaient présentés à nous, et dans ces trois ports nous n'avions pas aperçu une seule barque. Pour tout spectacle, des ruines, des rochers et la mer ; pour tout bruit, les cris des alcyons et le murmnre des vagues qui, se brisant dans le tombeau de Thémistocle, faisaient sortir un éternel gémissement de la demeure de l'éternel silence. Emportées par les flots, les cendres du vainqueur de Xerxès reposaient au fond de ces mêmes flots, confondues avec les os des Perses. En vain je cherchais des yeux le temple de Vénus, la longue galerie et la statue symbolique qui représentait le peuple d'Athènes : l'image de ce peuple inexorable était à jamais tombée près du puits où les citoyens exilés venaient inutilement réclamer leur patrie. Au lieu de ces superbes arsenaux, de ces portiques où l'on retirait les galères, de ces Agoræ retentissant de la voix des matelots ; au lieu de ces édifices qui représentaient dans leur ensemble l'aspect et la beauté de la ville de Rhodes, je n'apercevais qu'un couvent délabré et un magasin. Triste sentinelle au rivage, et modèle d'une patience stupide , c'est là qu'un douanier turc est assis toute l'année dans une méchante baraque de bois : des mois entiers s'écoulent sans qu'il voit arriver un bateau. Telle est le déplorable état où se trouvent aujourd'hui ces ports si fameux. Qui peut avoir détruit tant de monuments des dieux et des hommes? cette force cachée qui renverse tout , et qui est elle-même soumise au Dieu inconnu dont saint Paul avait vu l'autel à Phalère : *Deo ignoto*.

Le port du Pirée décrit un arc dont les deux pointes en se rapprochant ne laissent qu'un étroit passage ; il se nomme aujourd'hui le *Port Lion* , à cause d'un lion de marbre qu'on y voyait autrefois , et que Morosini fit transporter à Venise en 1686. Trois bassins , le Canthare , l'Aphrodise et le Zéa , divisaient le port intérieurement. On voit encore une darse à moitié comblée , qui pourrait bien avoir été l'Aphrodise. Strabon affirme que le grand port des Athéniens était capable de contenir quatre cents vaisseaux, et Pline en porte le nombre jusqu'à mille. Une cinquantaine de nos barques le rempliraient tout entier, et je ne sais si deux frégates y seraient à l'aise, surtout à présent que l'on mouille sur une grande longueur de câble. Mais l'eau est profonde, la tenue bonne, et le Pirée entre les mains d'une nation civilisée pourrait devenir un port considérable. Au reste, le seul magasin que l'on y voit aujourd'hui est français d'origine; il a, je crois, été bâti par M. Gaspari, ancien consul de France à Athènes. Ainsi il n'y a pas bien longtemps que les

Athéniens étaient représentés au Pirée par le peuple qui leur ressemble le plus. . . . .

Il me restait encore à voir dans Athènes les théâtres et les monuments de l'intérieur de la ville :
c'est à quoi je consacrai la journée du 26. J'ai déjà
dit, et tout le monde sait que le théâtre de Bacchus
était au pied de la citadelle, du côté du mont Hymette. L'Odéum, commencé par Périclès, achevé par
Lycurgue, fils de Lycophron, brûlé par Aristion et
par Sylla, rétabli par Ariobarzanes, était auprès du
théâtre de Bacchus ; ils se communiquaient peut-
être par un portique. Il est probable qu'il existait
au même lieu un troisième théâtre bâti par Hérode-
Atticus. Les gradins de ce théâtre étaient appuyés
sur le talus de la montagne qui leur servait de fon-
dement.

Les ruines de ce théâtre sont peu de chose : je
n'en fus point frappé, parce que j'avais vu en Italie
des monuments de cette espèce, beaucoup plus
vastes et mieux conservés ; mais je fis une réflexion
bien triste : sous les empereurs romains, dans un
temps où Athènes était encore l'école du monde,
les gladiateurs représentaient leurs jeux sanglants
sur le théâtre de Bacchus. Les chefs-d'œuvre d'Eschyle, de Sophocle et d'Euripide ne se jouaient plus;
on avait substitué des assassinats et des meurtres
à ces spectacles, qui donnent une grande idée de
l'esprit humain, et qui sont le noble amusement
des nations policées. Les Athéniens couraient à ces
cruautés avec la même ardeur qu'ils avaient couru
aux Dionysiaques. Un peuple qui s'était élevé si haut

pouvait-il descendre si bas? Qu'était donc devenu
cet autel de la Pitié, que l'on voyait au milieu de
la place publique à Athènes, et auquel les suppliants
venaient suspendre des bandelettes? Si les Athéniens
étaient les seuls Grecs qui, selon Pausanias, hono-
rassent la pitié, et la regardassent comme la con-
solation de la vie, ils avaient donc bien changé!
Certes, ce n'était pas pour des combats de gladiateurs qu'Athènes avait été nommée le *sacré domi-
cile* des dieux. Peut-être les peuples, ainsi que les
hommes, sont-ils cruels dans leur décrépitude
comme dans leur enfance; peut-être le génie des
nations s'épuise-t-il; et quand il a tout produit,
tout parcouru, tout goûté, rassasié de ses propres
chefs-d'œuvre, et incapable d'en produire de nouveaux, il s'abrutit et retourne aux sensations pu-
rement physiques. Le christianisme empêchera les
nations modernes de finir par une aussi déplorable
vieillesse; mais si toute religion venait à s'éteindre
parmi nous, je ne serais point étonné qu'on enten-
dît les cris du gladiateur mourant sur la scène où
retentissent aujourd'hui les douleurs de Phèdre et
d'Andromaque.

Après avoir visité les théâtres, nous rentrâmes
dans la ville, où nous jetâmes un coup d'œil sur le
Portique qui formait peut-être l'entrée de l'Agora.
Nous nous arrêtâmes à la tour des Vents, dont Pausanias n'a point parlé, mais que Vitruve et Varron
ont fait connaître. Je passe sous silence quelques
ruines d'ordre corinthien, que l'on prend pour le
Pœcile, pour les restes du temple de Jupiter-Olym-

-pien, pour le Prytanée, et qui peut-être n'appar-
tiennent à aucun de ces édifices. Ce qu'il y a de certain, c'est qu'elles ne sont pas du temps de Périclès.
On y sent la grandeur, mais aussi l'infériorité romaine : tout ce que les empereurs ont touché à
Athènes se reconnaît au premier coup d'œil, et
forme une disparate sensible avec les chefs-d'œuvre
du siècle de Périclès. Enfin nous allâmes au couvent français rendre à l'unique religieux qui l'occupe la visite qu'il m'avait faite. J'ai déjà dit que
le couvent de nos missionnaires comprend dans ses
dépendances le monument choragique de Lysicrates. Ce fut à ce dernier monument que j'achevai
de payer mon tribut d'admiration aux ruines d'A-
thènes.

Cette élégante production du génie des Grecs fut
connue des premiers voyageurs sous le nom de
Fanari tou Demosthenis. « Dans la maison qu'ont
» achetée depuis peu les pères capucins, dit le jé-
» suite Babin, en 1672, il y a une antiquité bien
» remarquable, et qui, depuis le temps de Démos-
» thènes, est demeurée en son entier : on l'appelle
» ordinairement *la Lanterne de Démosthènes.* »

On a reconnu depuis, et Spon le premier, que
c'est un monument choragique élevé par Lysicrates
dans la rue des Trépieds.

Certainement ce n'est pas un des jeux les moins
étonnants de la fortune que d'avoir logé un capucin
dans le monument choragique de Lysicrates ; mais
ce qui, au premier coup d'œil, peut paraître bizarre, devient touchant et respectable quand on

pense aux heureux effets de nos missions, quand on songe qu'un religieux français donnait à Athènes l'hospitalité à Chandler, tandis qu'un autre religieux français secourait d'autres voyageurs à la Chine, au Canada, dans les déserts de l'Afrique et de la Tartarie.

« Les pères jésuites étaient à Athènes avant les
» capucins, et n'en ont jamais été chassés. Ils ne se
» sont retirés à Négrepont que parce qu'ils y ont
» trouvé plus d'occupation, et qu'il y a plus de
» Francs qu'à Athènes. Leur hospice était presque
» à l'extrémité de la ville, du côté de la maison de
» l'archevêque. Pour ce qui est des capucins, ils
» sont établis à Athènes depuis l'année 1658, et le
» père Simon acheta le Fanari et la maison joi-
» gnante en 1669, y ayant eu d'autres religieux de
» son ordre avant lui dans la ville. »

C'est donc à ces missions si longtemps décriées que nous devons encore nos premières notions sur la Grèce antique. Aucun voyageur n'avait quitté ses foyers pour visiter le Parthénon, que déjà des religieux, exilés sur ses ruines fameuses, nouveaux dieux hospitaliers, attendaient l'antiquaire et l'artiste. Des savants demandaient ce qu'était devenue la ville de Cécrops, et il y avait à Paris, au noviciat de Saint-Jacques, un père Barnabé, et à Compiègne un père Simon, qui auraient pu leur en donner des nouvelles; mais ils ne faisaient point parade de leur savoir: retirés aux pieds du crucifix, ils cachaient dans l'humilité du cloître ce qu'ils avaient appris, et surtout ce qu'ils avaient souffert pendant vingt ans au milieu des débris d'Athènes.

« Les capucins français, dit La Guilletière, qui ont
» été appelés à la mission de la Morée par la con-
» grégation *de Propaganda Fide,* ont leur principale
» résidence à Napoli, à cause que les galères des beys
» y vont hiverner, et qu'elles y sont ordinairement
» depuis le mois de novembre jusqu'à la fête de saint
» Georges, qui est le jour où elles se remettent en
» mer : elles sont remplies de forçats chétiens qui
» ont besoin d'être instruits et encouragés ; et c'est
» à quoi s'occupe avec autant de zèle que de fruit
» le père Barnabé de Paris, qui est présentement
» supérieur de la maison d'Athènes et de la Morée. »

Aucun voyageur avant moi, Spon excepté, n'a rendu justice à ces missions d'Athènes si intéressantes pour un Français : moi-même je les ai oubliées dans le *Génie du Christianisme.* Chandler parle à peine du religieux qui lui donna l'hospitalité, et je ne sais même s'il daigne le nommer une seule fois. Dieu merci, je suis au-dessus de ces petits scrupules. Quand on m'a obligé, je le dis : ensuite je ne rougis point pour l'art, et ne trouve point le monument de Lysicrates déshonoré parce qu'il fait parti du couvent d'un capucin. Le chrétien qui conserve ce monument en le consacrant aux œuvres de la charité me semble tout aussi respectable que le païen qui l'éleva en mémoire d'une victoire remportée dans un chœur de musique.

C'est ainsi que j'achevai ma revue des ruines d'Athènes : je les avais examinées par ordre et avec

l'intelligence et l'habitude que dix années de résidence et de travail donnaient à M. Fauvel.

ILES DE L'ARCHIPEL.

Je changeais de théàtre : les îles que j'allais tra-
verser étaient, dans l'antiquité, une espèce de pont
jeté sur la mer pour joindre la Grèce d'Asie à la véritable Grèce. Libres ou sujettes, attachées à la fortune de Sparte ou d'Athènes, aux destinées des
Perses, à celles d'Alexandre et de ses successeurs,
elles tombèrent sous le joug romain. Tour à tour
arrachées au Bas-Empire par les Vénitiens, les
Génois, les Catalans, les Napolitains, elles eurent
des princes particuliers, et même des ducs qui prirent le titre général de ducs de l'Archipel. Enfin
les soudans de l'Asie descendirent vers la Méditer-
ranée ; et pour annoncer à celle-ci sa future destinée, ils se firent apporter de l'eau de la mer, du
sable et une rame. Les îles furent néanmoins subju-
guées les dernières ; mais enfin elles subirent le sort
commun ; et la bannière latine, chassée de proche
en proche par le Croissant, ne s'arrêta que sur le
rivage de Corfou.

De cette lutte des Grecs, des Turcs et des Latins,
il résulta que les îles de l'Archipel furent très con-
nues dans le moyen-âge : elles étaient sur la route
de toutes ces flottes qui portaient des armées ou des
pélerins à Jérusalem, à Constantinople, en Egypte,

en Barbarie ; elles devinrent les stations de tous ces vaisseaux génois et vénitiens qui renouvelèrent le commerce des Indes par le port d'Alexandrie : aussi retrouve-t-on les noms de Chio, de Lesbos, de Rhodes, à chaque page de *la Byzantine ;* et tandis qu'Athènes et Lacédémone étaient oubliées, on savait la fortune du plus petit écueil de l'Archipel.

Le 30 août, à huit heures du matin, nous entrâmes dans le port de Zéa : il est vaste, mais d'un aspect désert et sombre, à cause de la hauteur des terres dont il est environné. On n'aperçoit sous les rochers du rivage que quelques chapelles en ruines et les magasins de la douane. Le village de Zéa est bâti en amphithéâtre sur le penchant inégal d'une montagne ; ce n'est qu'un village malpropre et désagréable, mais assez peuplé ; les ânes, les cochons, les poules, vous y disputent le passage des rues ; il y a une si grande multitude de coqs, et ces coqs chantent si souvent et si haut, qu'on en est véritablement étourdi.

Zéa, l'ancienne Céos, fut célèbre dans l'antiquité par une coutume qui existait aussi chez les Celtes, et que l'on a retrouvée parmi les sauvages de l'Amérique : les vieillards de Céos se donnaient la mort.

Le commerce de Zéa consiste aujourd'hui dans les glands du velani (1), que l'on emploie dans les teintures. La gaze de soie en usage chez les anciens avait été inventée à Céos ; les poëtes, pour pein-

(1) Espèce de chêne.

dre sa trasparence et sa finesse, l'appelaient du *vent tissu*. Zéa fournit encore de la soie.

Tino, autrefois Ténos, n'est séparé d'Andros que par un étroit canal : c'est une île haute qui repose sur un rocher de marbre. Les Vénitiens la possédèrent longtemps ; elle n'est célèbre dans l'antiquité que par ses serpents : la vipère avait pris son nom de cette île.

La mer, comme disent les marins, était tombée et le ciel s'était éclairci : je découvrais à différentes distances toutes les Cyclades : Scyros, où Achille passa son enfance ; Délos, célèbre par la naissance de Diane et d'Apollon, par son palmier, par ses fêtes ; Naxos, qui me rappelait Ariadne, Thésée, Bacchus. Mais toutes ces îles, si riantes autrefois, ou peut-être si embellies par l'imagination des poètes, n'offrent aujourd'hui que des côtes désolées et arides. De tristes villages s'élèvent en pain de sucre sur des rochers ; ils sont dominés par des châteaux plus tristes encore, et quelquefois environnés d'une double ou triple enceinte de murailles : on y vit dans la frayeur perpétuelle des Turcs et des pirates. Comme ces villages fortifiés tombent cependant en ruines, ils font naître à la fois, dans l'esprit du voyageur, l'idée de toutes les misères. Rousseau dit quelque part qu'il eût voulu être exilé dans une des îles de l'Archipel. L'éloquent sophiste se fût bientôt repenti de son choix. Séparé de ses admirateurs, relégué au milieu de quelques Grecs grossiers et perfides, il n'aurait trouvé dans des vallons brûlés par le soleil ni fleurs, ni ruisseaux, ni ombrages ; il n'aurait vu autour de lui que des bouquets d'oliviers, des rochers rougeâtres, tapissés de sauge et de baume sauvage : je doute qu'il eût désiré longtemps continuer ses promenades, au bruit du vent et de la mer, le long d'une côte inhabitée.

Nous appareillâmes à midi. Le vent du nord nous porta assez rapidement sur Scio ; mais nous fûmes obligés de courir des bordées, entre l'île et la côte d'Asie, pour embouquer le canal. Nous voyions des terres et des îles tout autour de nous : les unes rondes et élevées comme Samos, les autres longues et basses comme les caps du golfe d'Ephèse ; ces terres et ces îles étaient différemment colorées, selon le degré d'éloignement.

Nous vînmes mouiller pendant la nuit au port de Chio, «fortunée patrie d'Homère,» dit Fénelon dans les *Aventures d'Aristonoüs*, chef-d'œuvre d'harmonie et de goût antique.

CONSTANTINOPLE.

Nous rasâmes la pointe d'Europe, où s'élève le château des Sept-Tours, vieille fortification gothique qui tombe en ruine. Constantinople, et surtout la côte d'Asie, étaient noyées dans le brouillard : les cyprès et les minarets que j'apercevais à travers cette vapeur présentaient l'aspect d'une forêt dépouillée. Comme nous approchions de la pointe du sérial, le vent du nord se leva et balaya en moins de quelques minutes la brume ré-

pandue sur le tableau ; je me trouvai tout-à-coup
au milieu du palais du commandeur des croyants :
ce fut le coup de baguette d'un génie. Devant moi
le canal de la mer Noire serpentait entre des collines riantes, ainsi qu'un fleuve superbe : j'avais à
droite la terre d'Asie et la ville de Scutari ; la terre
d'Europe était à ma gauche ; elle formait, en se
creusant, une large baie pleine de grands navires à
l'ancre, et traversée par d'innombrables petits ba-
teaux. Cette baie, renfermée entre deux côteaux,
présentait en regard et en amphithéâtre Constantinople et Galata, Constantinople et Scutari ; les cyprès, les minarets, les mâts des vaisseaux qui s'élevaient et se confondaient de toutes parts ; la
verdure des arbres, les couleurs des maisons blan-
ches et rouges ; la mer qui étendait sous ces objets
sa nappe bleue, et le ciel qui déroulait au-dessus
un autre champ d'azur : voilà ce que j'admirais. On
n'exagère point quand on dit que Constantinople
offre le plus beau point de vue de l'univers.

Nous abordâmes à Galata : je remarquai sur-le-
champ le mouvement des quais, et la foule des
porteurs, des marchands et des mariniers ; ceux-ci
annonçaient par la couleur diverse de leurs visages,
par la différence de leur langage, de leurs habits, de
leurs robes, de leurs chapeaux, de leurs bonnets,
de leurs turbans, qu'ils étaient venus de toutes les
parties de l'Europe et de l'Asie habiter cette fron-
tière des deux mondes. L'absence presque totale
des femmes, le manque de voitures à roues, et les
meutes de chiens sans maîtres, furent les trois ca-

ractères distinctifs qui me frappèrent d'abord dans
l'intérieur de cette ville extraordinaire. Comme on
ne marche guère qu'en babouches, qu'on n'entend
point de bruit de carrosses et de charrettes, qu'il n'y
a point de cloches ni presque point de métiers à
marteau, le silence est continuel. Vous voyez autour
de vous une foule muette qui semble vouloir passer
sans être aperçue, et qui a toujours l'air de se dé-
rober aux regards du maître. Vous arrivez sans
cesse d'un bazar à un cimetière, comme si les Turcs
n'étaient là que pour acheter, vendre et mourir.
Les cimetières sans murs, et placés au milieu des
rues, sont des bois magnifiques de cyprès : les colombes font leurs nids dans ces cyprès et partagent
la paix des morts. On découvre çà et là quelques
monuments antiques qui n'ont de rapport ni avec
les hommes modernes, ni avec les monuments
nouveaux dont ils sont environnés : on dirait qu'ils
ont été transportés dans cette ville orientale par
l'effet d'un talisman. Aucun signe de joie, aucune
apparence de bonheur ne se montre à vos yeux :
ce qu'on voit n'est pas un peuple, mais un troupeau
qu'un iman conduit et qu'un janissaire égorge.

J'étais bien aise de sortir de Constantinople. Les
sentiments qu'on éprouve malgré soi dans cette ville
gâtent sa beauté : quand on songe que ces campa-
gnes n'ont été habitées autrefois que par des Grecs
du Bas-Empire, et qu'elles sont occupées aujour-
d'hui par des Turcs, on est choqué du contraste
entre les peuples et les lieux ; il semble que des
esclaves aussi vils et des tyrans aussi cruels n'au-

raient jamais dû déshonorer un séjour aussi magnifique. J'étais arrivé à Constantinople le jour même
d'une révolution : les rebelles de la Romélie
s'étaient avancés jusqu'aux portes de la ville. Obligé
de céder à l'orage, Sélim avait exilé et envoyé des
ministres désagréables aux janissaires : on atten-
dait à chaque instant que le bruit du canon annon-
çât la chute des têtes proscrites.

Le séjour de Constantinople me pesait. Je n'aime
à visiter que les lieux embellis par les vertus ou
par les arts, et je ne trouvai dans cette patrie des
Phocas et des Bajazet ni les unes ni les autres. Mes
souhaits furent bientôt remplis, car nous levâmes
l'ancre le jour même de mon embarquement, à
quatre heures du soir. Nous déployâmes la voile au
vent du nord, et nous voguâmes vers Jérusalem
sous la bannière de la croix qui flottait aux mâts
de notre vaisseau.

RHODES.

Il me tardait de jeter du moins un regard sur
cette fameuse Rhodes où je ne devais passer qu'un
moment.

Ici commençait pour moi une antiquité qui formait le passage entre l'antiquité grecque que je
quittais, et l'antiquité hébraïque dont j'allais chercher les souvenirs. Les monuments des chevaliers
de Rhodes ranimèrent ma curiosité un peu fatiguée
des ruines de Sparte et d'Athènes. Des lois sages

sur le commerce, quelques vers de Pindare sur
l'épouse du Soleil et la fille de Vénus (1), des poètes
comiques, des peintres, des monuments plus grands
que beaux, voilà, je crois, tout ce que rappelle au
voyageur la Rhodes antique. Les Rhodiens étaient
braves : il est assez singulier qu'ils se soient rendus
célèbres dans les armes pour avoir soutenu un siége
avec gloire, comme les chevaliers leurs successeurs.
Rhodes, honorée de la présence de Cicéron et de
Pompée, fut souillée par le séjour de Tibère. Les
Perses s'emparèrent de Rhodes sous le règne d'Ho-
norius. Elle fut prise ensuite par les généraux des
califes, l'an 547 de notre ère, et reprise par Anastase,
empereur d'Orient. Les Vénitiens s'y établirent
en 1203; Jean Ducas l'enleva aux Vénitiens. Les
Turcs la conquirent sur les Grecs. Les chevaliers
de Saint-Jean de Jérusalem s'en saisirent en 1304,
1308 ou 1319. Ils la gardèrent à peu près deux
siècles, et la rendirent à Soliman II, le 25 décem-
bre 1522. On peut consulter, sur Rhodes, Coro-
nelli, Dapper, Savary et M. de Choiseul.

Rhodes m'offrait à chaque pas des traces de nos
mœurs et des souvenirs de ma patrie. Je parcourais
une longue rue, appelée encore *la rue des Chevaliers*. Elle est bordée de maisons gothiques; les
murs de ces maisons sont parsemés de devises gau-
loises et des armoiries de nos familles historiques.
Je remarquai les lis de la France couronnés, et
aussi frais que s'ils sortaient de la main du sculp-

(1) La nymphe Rhodos.

Itinéraire.   4

teur. Les Turcs , qui ont mutilé partout les monuments de la Grèce , ont épargné ceux de la cheva-
lerie : l'honneur chrétien a étonné la bravoure infidèle, et les Saladin ont respecté les Couci.

Au bout de la rue des Chevaliers on trouve trois
arceaux gothiques qui conduisent au palais du
grand-maître. Ce palais sert aujourd'hui de prison.
Un couvent à demi ruiné, et desservi par deux moines , est tout ce qui rappelle à Rhodes cette religion qui y fit tant de miracles. Les Pères me con-
duisirent à leur chapelle. On y voit une Vierge
gothique, peinte sur bois ; elle tient son enfant dans
ses bras : les armes du grand-maître d'Aubusson
sont gravées au bas du tableau. Cette antiquité cu-
rieuse fut découverte , il y a quelques années, par
un esclave qui cultivait le jardin du couvent. Il y a
dans la chapelle un second autel dédié à saint Louis,
dont on retrouve l'image dans tout l'Orient, et dont
j'ai vu le lit de mort à Carthage. Je laissai quelques
aumônes à cet autel, en priant les Pères de dire une
messe pour mon bon voyage, comme si j'avais pré-
vu les dangers que je courrais sur les côtes de
Rhodes à mon retour d'Egypte.

Le port marchand de Rhodes serait assez sûr si
l'on rétablissait les anciens ouvrages qui le défen-
daient. Au fond de ce port s'élève un mur flanqué
de deux tours. Ces deux tours, selon la tradition
du pays, ont remplacé les deux rochers qui servaient
de base au colosse. On sait que les vaisseaux ne
passaient point entre les jambes de ce colosse, et je
n'en parle que pour ne rien oublier.

Assez près de ce premier port se trouve la darse des galères et le chantier de construction. On y bâtissait alors une frégate de trente canons avec des sapins tirés des montagnes de l'île ; ce qui m'a paru digne de remarque.

Les rivages de Rhodes, du côté de la Caramanie (la Doride et la Carie), sont à peu près au niveau de la mer ; mais l'île s'élève dans l'intérieur, et l'on remarque surtout une haute montagne, aplatie à sa cime, citée par tous les géographes de l'antiquité. Il reste encore à Linde quelques vestiges du temple de Minerve. Camire et Ialyse ont disparu. Rhodes fournissait autrefois de l'huile à toute l'Anatolie ; elle n'en a pas aujourd'hui assez pour sa propre consommation. Elle exporte encore un peu de blé. Les vignes donnent un vin très bon, qui ressemble à ceux du Rhône : les plants en ont peut-être été apportés du Dauphiné par les chevaliers de cette langue, d'autant plus qu'on appelle ces vins, comme en Chypre, *vins de Commanderie*.

Nos géographies nous disent que l'on fabrique à Rhodes des velours et des tapisseries très estimés : quelques toiles grossières, dont on fait des meubles aussi grossiers, sont, dans ce genre, le seul produit de l'industrie des Rhodiens. Ce peuple, dont les colonies fondèrent autrefois Naples et Agrigente, occupe à peine aujourd'hui un coin de son île déserte. Un aga, avec une centaine de janissaires dégénérés, suffisent pour garder un troupeau d'esclaves soumis.

JÉRUSALEM. — TERRE SAINTE.

Nous arrivâmes au torrent où David enfant prit
les cinq pierres dont il frappa le géant Goliath. Nous
passâmes ce torrent sur un pont de pierre, le seul
qu'on rencontre dans ces lieux déserts : le torrent
conservait encore un peu d'eau stagnante. Après
avoir passé le torrent, on découvre le village de
Keriet-Lefta au bord d'un autre torrent desséché
qui ressemble à un grand chemin poudreux. El-Biré
se montre au loin au sommet d'une haute montagne, sur la route de Nablous, Nabolos, ou Nabolosa,
la Sichem du royaume d'Israël, et la Néapolis des
Hérodes. Nous continuâmes à nous enfoncer dans
un désert, où des figuiers sauvages clair-semés éta-
laient au vent du midi leurs feuilles noircies. La
terre, qui jusqu'alors avait conservé quelque verdure, se dépouilla, les flancs des montagnes s'élar-
girent et prirent à la fois un air plus grand et plus
stérile. Bientôt toute végétation cessa : les mousses
même disparurent. L'amphithéâtre des montagnes
se teignit d'une couleur rouge et ardente. Nous
gravîmes pendant une heure ces régions attristées
pour atteindre un col élevé que nous voyions devant nous. Parvenus à ce passage, nous cheminâmes pendant une autre heure sur un plateau nu,
semé de pierres roulantes. Tout-à-coup, à l'extrémité de ce plateau, j'aperçus une ligne de murs gothiques flanqués de tours carrées, et derrière les-

quels s'élevaient quelques pointes d'édifices. Au
pied de ces murs paraissait un camp de cavalerie
turque dans toute la pompe orientale. Le guide
s'écria : « El-Cods ! » La Sainte (Jérusalem) ! et il
s'enfuit au grand galop.

Je conçois maintenant ce que les historiens et
les voyageurs rapportent de la surprise des croisés
et des pèlerins, à la première vue de Jérusalem.

Vue de Jérusalem.

Je puis assurer que quiconque a eu comme moi
la patience de lire à peu près deux cents relations
modernes de la Terre-Sainte, les compilations rab-
biniques, et les passages des anciens sur la Judée,
ne connaît rien du tout encore. Je restai les yeux
fixés sur Jérusalem, mesurant la hauteur de ces
murs, recevant à la fois tous les souvenirs de l'histoire, depuis Abraham jusqu'à Godefroy de Bouillon, pensant au monde entier changé par la mission
du Fils de l'Homme, et cherchant vainement ce
temple dont *il ne reste pas pierre sur pierre.* Quand
je vivrais mille ans, jamais je n'oublierai ce désert
qui semble respirer encore la grandeur de Jéhovah,
et les épouvantements de la mort.

Nous entrâmes dans Jérusalem par la porte des
Pèlerins. Auprès de cette porte s'élève la tour de
David, plus connue sous le nom de *la Tour des Pi-
sans.* Nous payâmes le tribut, et nous suivîmes la
rue qui se présentait devant nous : puis, tournant
à gauche, entre des espèces de prisons de plâtre
qu'on appelle des maisons, nous arrivâmes, à midi
22 minutes, au monastère des Pères latins. Il était
envahi par les soldats d'Abdallah qui se faisaient

Monastère des Franciscains.

donner tout ce qu'ils trouvaient à leur convenance.

Il faut être dans la position des Pères de Terre-Sainte pour comprendre le plaisir que leur causa mon arrivée. Ils se crurent sauvés par la présence d'un seul Français. Je remis au père Bonaventure de Nola, gardien du couvent, une lettre de M. le général Sébastiani. « Monsieur, me dit le gardien, » c'est la Providence qui vous amène. Vous avez des » firmans de route ? Permettez-nous de les envoyer » au pacha ; il saura qu'un Français est descendu » au couvent ; il nous croira spécialement protégés » par l'Empereur. L'année dernière il nous contrai-» gnit de payer soixante mille piastres ; d'après l'u-» sage, nous ne lui en devons que quatre mille, » encore à titre de simple présent. Il veut cette an-» née nous arracher la même somme, et il nous » menace de se porter aux dernières extrémités si » nous la refusons. Nous serons obligés de vendre » les vases sacrés, car depuis quatre ans nous ne » recevons plus aucune aumône de l'Europe : si » cela continue, nous nous verrons forcés d'aban-» donner la Terre-Sainte, et de livrer aux mahomé-» tans le tombeau de Jésus-Christ. »

Je me trouvai trop heureux de pouvoir rendre ce léger service au gardien. Je le priai toutefois de me laisser aller au Jourdain avant d'envoyer les firmans, pour ne pas augmenter les difficultés d'un voyage toujours dangereux.

Rama.

Nous partîmes pour Bethléem, où nous devions coucher et prendre une escorte de six Arabes. Nous sortîmes de Jérusalem par la porte de Damas ; puis

tournant à gauche et traversant les ravins au pied
du mont Sion, nous gravîmes une montagne sur le
plateau de laquelle nous cheminâmes pendant une
heure. Nous laissions Jérusalem au nord derrière
nous ; nous avions au couchant les montagnes de
Judée, et, au levant, par-delà la mer Morte, les
montagnes d'Arabie. Nous passâmes le couvent de
Saint-Elie. On ne manque pas de faire remarquer,
sous un olivier et sur un rocher au bord du chemin, l'endroit où ce prophète se reposait lorsqu'il
allait à Jérusalem. A une lieue plus loin, nous entrâmes dans le champ de Rama, où l'on trouve le
tombeau de Rachel. C'est un édifice carré, surmonté
d'un petit dôme : il jouit des priviléges d'une mosquée ; les Turcs, ainsi que les Arabes, honorent les
familles des patriarches. Les traditions des chrétiens s'accordent à placer le sépulcre de Rachel
dans ce lieu.

Nous aperçûmes dans la montagne (car la nuit
était venue) les lumières du village de Rama. Le
silence était profond autour de nous.

Nous arrivâmes par un chemin étroit et scabreux
à Bethléem.

Bethléem reçut son nom d'Abraham, et Bethléem
signifie la *Maison de Pain*. Elle fut surnommée
Ephrata (fructueuse), du nom de la femme de
Caleb, pour la distinguer d'une autre Bethléem de
la tribu de Zabulon. Elle appartenait à la tribu de
Juda ; elle porta aussi le nom de *Cité de David ;* elle
était la patrie de ce monarque, et il y garda les
troupeaux dans son enfance. Abissan, septième juge

d'Israël, Elimelech, Obed, Jessé et Booz naquirent
comme David à Bethléem ; et c'est là qu'il faut placer l'admirable églogue de Ruth. Saint Mathias,
apôtre, eut aussi le bonheur de recevoir le jour
dans la cité où le Messie vint au monde.

Les premiers fidèles avaient élevé un oratoire sur
la crèche du Sauveur. Adrien le fit renverser pour y
placer une statue d'Adonis. Sainte Hélène détruisit
l'idole, et bâtit au même lieu une église dont l'architecture se mêle aujourd'hui aux différentes parties ajoutées par les princes chrétiens. Tout le
monde sait que saint Jérôme se retira à Bethléem.
Bethléem, conquise par les Croisés, retomba avec
Jérusalem sous le joug infidèle ; mais elle a toujours
été l'objet de la vénération des pélerins. De saints
religieux, se dévouant à un martyre perpétuel, l'ont
gardée pendant sept siècles. Je n'ai point remarqué
dans la vallée de Bethléem la fécondité qu'on lui
attribue : il est vrai que, sous le gouvernement
turc, le terrain le plus fertile devient désert en peu
d'années.

Le 5 octobre, à quatre heures du matin, je commençai la revue des monuments de Bethléem. Quoique ces monuments aient été souvent décrits, le
sujet par lui-même est si intéressant, que je ne puis
me dispenser d'entrer dans quelques détails.

Le couvent de Bethléem tient à l'église par une
cour fermée de hautes murailles. Nous traversâmes
cette cour, et une petite porte latérale nous donna
passage dans l'église. Cette église est certainement
d'une haute antiquité ; et, quoique souvent détruite

et souvent réparée, elle conserve les marques de
son origine grecque. Sa forme est celle d'une croix.
La longue nef, ou, si l'on veut, le pied de la croix,
est ornée de quarante-huit colonnes d'ordre corinthien, placées sur quatre lignes. Ces colonnes ont
deux pieds six pouces de diamètre près la base, et
dix-huit pieds de hauteur, y compris la base et le
chapiteau. Comme la voûte de cette nef manque,
les colonnes ne portent rien qu'une frise de bois qui
remplace l'architrave et tient lieu de l'entablement
entier. Une charpente à jour prend sa naissance au
haut des murs et s'élève en dôme pour porter un toit
qui n'existe plus, ou qui n'a jamais été achevé. On
dit que cette charpente est de bois de cèdre, mais
c'est une erreur. Les murs sont percés de grandes
fenêtres : ils étaient ornés autrefois de tableaux en
mosaïques et de passages de l'Evangile, écrits en
caractères grecs et latins : on en voit encore des
traces.

Les restes des mosaïques que l'on aperçoit çà et
là, et quelques tableaux peints sur bois, sont inté-
ressants pour l'histoire de l'art : ils présentent en
général des figures de face, droites, roides, sans
mouvement et sans ombre ; mais l'effet en est majestueux, et le caractère noble et sévère.

La secte chrétienne des Arméniens est en possession de la nef que je viens de décrire. Cette nef est
séparée des trois autres branches de la croix par un
mur, de sorte que l'église n'a plus d'unité. Quand
vous avez passé ce mur, vous vous trouvez en face
du sanctuaire ou du chœur qui occupe le haut de

la croix. Ce chœur est élevé de trois degrés au-dessus de la nef. On y voit un autel dédié aux mages.
Sur le pavé, au bas de cet autel, on remarque une
étoile de marbre : la tradition veut que cette étoile
corresponde au point du ciel où s'arrêta l'étoile
miraculeuse qui conduisit les trois rois. Ce qu'il y
a de certain, c'est que l'endroit où naquit le Sàu-
veur du monde se trouve perpendiculairement au-
dessous de cette étoile de marbre, dans l'église souterraine de la Crèche. Je parlerai de celle-ci dans
un moment. Les Grecs occupent le sanctuaire des
Mages, ainsi que les deux autres nefs formées par
les deux extrémités de la traverse de la croix. Ces
deux dernières nefs sont vides et sans autels.

Deux escaliers tournants, composés chacun de
quinze degrés, s'ouvrent aux deux côtés du chœur
de l'église extérieure, et descendent à l'église souterraine placée sous ce chœur. Celle-ci est le lieu
à jamais révéré de la nativité du Sauveur. Avant
d'y entrer, le supérieur me mit un cierge à la main
et me fit une courte exhortation. Cette sainte grotte
est irrégulière, parce qu'elle occupe l'emplacement
irrégulier de l'étable et de la crèche. Elle a trente
sept pieds et demi de long, onze pieds trois pouces
de large, et neuf pieds de haut. Elle est taillée dans
le roc : les parois de ce roc sont revêtues de marbre,
et le pavé de la grotte est également d'un marbre
précieux. Ces embellissements sont attribués à sainte
Hélène. L'église ne tire aucun jour du dehors, et
n'est éclairée que par la lumière de trente-deux
lampes envoyées par différents princes chrétiens.

Tout au fond de la grotte, du côté de l'orient, est la place où la Vierge enfanta le Rédempteur des hommes. Cette place est marquée par un marbre blanc incrusté de jaspe et entouré d'un cercle d'argent radié en forme de soleil. On lit ces mots à l'entour :

HIC DE VIRGINE MARIA
JESUS CHRISTUS NATUS EST.

Une table de marbre, qui sert d'autel, est appuyée contre le rocher, et s'élève au-dessus de l'endroit où le Messie vint à la lumière. Cet autel est éclairé par trois lampes, dont la plus belle a été donnée par Louis XIII.

A sept pas de là, vers le midi, après avoir passé l'entrée d'un des escaliers qui montent à l'église supérieure, vous trouvez la crèche. On y descend par deux degrés, car elle n'est pas de niveau avec le reste de la grotte. C'est une voûte peu élevée, enfoncée dans le rocher. Un bloc de marbre blanc, exhaussé d'un pied au-dessus du sol, et creusé en forme de berceau, indique l'endroit même où le souverain du ciel fut couché sur la paille.

« Joseph partit aussi de la ville de Nazareth qui » est en Galilée, et vint en Judée à la ville de David, » appelée *Bethléem*, parce qu'il était de la maison » et de la famille de David. . . . .

Rien n'est plus agréable et plus dévot que cette église souterraine. Elle est enrichie de tableaux des écoles italienne et espagnole. Ces tableaux repré-

sentent les mystères de ces lieux, des Vierges et
des Enfants d'après Raphaël, des Annonciations,
l'Adoration des Mages, la Venue des Pasteurs, et
tous ces miracles mêlés de grandeur et d'inno-
cence.Les ornements ordinaires de la crèche sont
de satin bleu brodé en argent. L'encens fume sans
cesse devant le berceau du Sauveur. J'ai entendu
un orgue, fort bien touché, jouer à la messe les airs
les plus doux et les plus tendres des meilleurs com-
positeurs d'Italie. Ces concerts charment l'Arabe
chrétien qui, laissant paître ses chameaux, vient,
comme les antiques bergers de Bethléem, adorer
le Roi des rois dans sa crèche. J'ai vu cet habitant
du désert communier à l'autel des Mages avec une
ferveur, une piété, une religion inconnues des chrétiens de l'Occident. « Nul endroit dans l'univers,
» dit le père Néret, n'inspire plus de dévotion......
» L'abord continuel des caravanes de toutes les na-
» tions chrétiennes... les prières publiques, les pros-
» ternations... la richesse même des présents que
» les princes chrétiens y ont envoyés... tout cela
» excite en votre âme des choses qui se font sentir
» beaucoup mieux qu'on ne peut les exprimer. »

Ajoutons qu'un contraste extraordinaire rend
encore ces choses plus frappantes ; car en sortant
de la grotte où vous avez retrouvé la richesse, les
arts, la religion des peuples civilisés, vous êtes
transportés dans une solitude profonde, au milieu
des masures arabes, parmi des sauvages demi-
nus et des musulmans sans foi. Ces lieux sont
pourtant ceux là même où s'opérèrent tant de mer-

veilles ; mais cette terre sainte n'ose plus faire
éclater au dehors son allégresse , et les souvenirs
de sa gloire sont renfermés dans son sein.

Nous descendîmes de la grotte de la Nativité dans
la chapelle souterraine où la tradition place la sé-
pulture des Innocents : « Hérode envoya tuer à
» Bethléem , et en tout le pays d'alentour, tous les
» enfants âgés de deux ans et au-dessous : alors
» s'accomplit ce qui avait été dit par le prophète
» Jérémie : *Vox in Rama audita est.* »

La chapelle des Innocents nous conduisit à la
grotte de saint Jérôme : on y voit le sépulcre de
ce docteur de l'Eglise , celui de saint Eusèbe, et les
tombeaux de saint Paul et de sainte Eustochie.

Saint Jérôme passa la plus grande partie de sa
vie dans cette grotte. C'est de là qu'il vit la chute
de l'empire romain ; ce fut là qu'il reçut ces patri-
ciens fugitifs qui, après avoir possédé les palais de
la terre , s'estimèrent heureux de partager la cellule d'un cénobite. La paix du saint et les troubles
du monde font un merveilleux effet dans les lettres
du savant interprète de l'Ecriture.

Sainte Paule et sainte Eustochie, sa fille, étaient
deux grandes dames romaines de la famille des
Gracques et des Scipions. Elles quittèrent les déli-
ces de Rome pour venir vivre et mourir à Bethléem dans la pratique des vertus monastiques. Leur
épitaphe, faite par saint Jérôme , est trop connue
pour que je la rapporte ici :

Scipio, quam genuit, etc.

On voit dans l'oratoire de saint Jérôme un tableau où ce saint conserve l'air de tête qu'il a pris sous le pinceau du Carrache et du Dominiquin. Un autre tableau offre les images de Paule et d'Eustochie. Ces deux héritières de Scipion sont représentées mortes et couchées dans le même cercueil. Par une idée touchante, le peintre a donné aux deux saintes une ressemblance parfaite ; on distingue seulement la fille de la mère à sa jeunesse et à son voile blanc : l'une a marché plus longtemps et l'autre vite dans la vie ; et elles sont arrivées au port au même moment.

Dans les nombreux tableaux que l'on voit aux lieux saints, et qu'aucun voyageur n'a décrits, j'ai cru quelquefois reconnaître la touche mystique et le ton inspiré de Murillo : il serait assez singulier qu'un grand maître eût à la crèche ou au tombeau du Sauveur quelque chef-d'œuvre inconnu.

Nous remontâmes au couvent. J'examinai la campagne du haut d'une terrasse. Bethléem est bâtie sur un monticule qui domine une longue vallée. Cette vallée s'étend de l'est à l'ouest : la colline du midi est couverte d'oliviers clair-semés sur un terrain rougeâtre, hérissé de cailloux ; la colline du nord porte des figuiers sur un sol semblable à celui de l'autre colline. On découvre çà et là quelques ruines, entre autres les débris d'une tour qu'on appelle la *Tour de Sainte-Paule.* Je rentrai dans le monastère, qui doit une partie de sa richesse à Baudoin, roi de Jérusalem, et successeur de Godefroy de Bouillon : c'est une véritable forteresse, et ses murs sont si épais qu'ils soutiendraient aisément un siége contre les Turcs.

L'escorte arabe étant arrivée, je me préparai à partir pour la mer Morte. En déjeûnant avec les religieux, qui formaient un cercle autour de moi, ils m'apprirent qu'il y avait au couvent un Père, Français de nation. On l'envoya chercher : il vint les yeux baissés, les deux mains dans ses manches, marchant d'un air sérieux ; il me donna un salut froid et court. Je n'ai jamais entendu chez l'étranger le son d'une voix française sans être ému.

Je fis quelques questions à ce religieux. Il me dit qu'il s'appelait le *Père Clément ;* qu'il était des environs de Mayenne ; que, se trouvant dans un monastère en Bretagne, il avait été déporté en Espagne avec une centaine de prêtres comme lui ; qu'ayant reçu l'hospitalité dans un couvent de son ordre, ses supérieurs l'avaient ensuite envoyé missionnaire en Terre-Sainte. Je lui demandai s'il voulait écrire à sa famille. Voici sa réponse mot pour mot : « Qui est-ce qui se souvient encore de moi en » France ? Sais-je si j'ai encore des frères et des » sœurs ? J'espère obtenir par le mérite de la crè- » che du Sauveur la force de mourir ici, sans im- » portuner personne, et sans songer à un pays où » je suis oublié. »

Le Père Clément fut obligé de se retirer : ma présence avait réveillé dans son cœur des sentiments qu'il cherchait à éteindre.

A dix heures du matin nous montâmes à cheval, et nous sortîmes de Bethléem. Nous prîmes la route du monastère de Saint-Saba, d'où nous devions ensuite descendre à la mer Morte et revenir par le Jourdain.

Nous suivîmes d'abord le vallon de Bethléem, qui s'étend au levant, comme je l'ai dit. Nous passâmes une croupe de montagnes où l'on voit sur la droite une vigne nouvellement plantée, chose assez rare dans le pays pour que je l'aie remarquée. Nous arrivâmes à une grotte appelée la *Grotte des Pasteurs*. Les Arabes l'appellent encore *Dia-el-Natour*, le Village des Bergers. On prétend qu'Abraham faisait paître ses troupeaux dans ce lieu, et que les bergers de Judée furent avertis dans ce même lieu de la naissance du Sauveur.

« Or, il y avait aux environs des bergers qui pas-
» saient la nuit dans les champs, veillant tour à
» tour à la garde de leurs troupeaux. . . . . . . »

La piété des fidèles a transformé cette grotte en une chapelle. Elle devait être autrefois très ornée : j'y ai remarqué trois chapiteaux d'ordre corinthien, et deux autres d'ordre ionique. La découverte de ces derniers était une véritable merveille ; car on ne trouve plus guère après le siècle d'Hélène que l'éternel corinthien.

En sortant de cette grotte, et marchant toujours à l'orient, une pointe de compas au midi, nous quittâmes les montagnes Rouges pour entrer dans une chaîne de montagnes blanchâtres. Nos chevaux enfonçaient dans une terre molle et crayeuse, formée des débris d'une roche calcaire. Cette terre était si horriblement dépouillée qu'elle n'avait pas

même une écorce de mousse. On voyait seulement
croître çà et là quelques touffes de plantes épineuses
aussi pâles que le sol qui les produit, et qui semblent couvertes de poussière comme les arbres de
nos grands chemins pendant l'été.

En tournant une des croupes de ces montagnes
nous découvrîmes la cime de deux hautes tours qui
s'élevaient dans une vallée profonde. C'était le
couvent de Saint-Saba. Il est bâti dans la ravine
même du torrent de Cédron, qui peut avoir trois
ou quatre cents pieds de profondeur dans cet endroit. Ce torrent est à sec et ne roule qu'au printemps une eau fangeuse et rougie. L'église occupe
une petite éminence dans le fond du lit. De là les
bâtiments du monastère s'élèvent par des escaliers
perpendiculaires et des passages creusés dans le
roc, sur le flanc de la ravine, et parviennent ainsi
jusqu'à la croupe de la montagne, où ils se terminent par deux tours carrées. L'une de ces tours est
hors du couvent; elle servait autrefois de poste
avancé pour surveiller les Arabes. Du haut de ces
tours on découvre les sommets stériles des montagnes de Judée; au-dessous de soi, l'œil plonge
dans le ravin desséché du torrent de Cédron, où
l'on voit des grottes qu'habitèrent jadis les premiers
anachorètes. Des colombes bleues nichent aujour-
d'hui dans ces grottes, comme pour rappeler, par
leurs gémissements, leur innocence et leur douceur, les saints qui peuplaient autrefois ces rochers.
Je ne dois point oublier un palmier qui croît dans
un mur sur une des terrasses du couvent; je suis

Couvent de St-Saba.

persuadé que tous les voyageurs le remarqueront comme moi : il faut être environné d'une stérilité aussi affreuse pour sentir le prix d'une touffe de verdure.

Quant à la partie historique du couvent de Saint-Saba, le lecteur peut avoir recours à la *Vie des Pères du Désert*. On montre aujourd'hui dans ce monastère trois ou quatre mille têtes de morts, qui sont celles des religieux massacrés par les infidèles. Les moines me laissèrent un quart d'heure tout seul avec ces reliques : ils semblaient avoir deviné que mon dessein était de peindre un jour la situation de l'âme des solitaires de la Thébaïde.

Nous quittâmes le couvent à trois heures de l'après-midi ; nous remontâmes le torrent de Cédron ; ensuite, traversant la ravine, nous reprîmes notre route au levant. Nous découvrîmes Jérusalem par une ouverture des montagnes. Je ne savais trop ce que j'apercevais ; je croyais voir un amas de rochers brisés : l'apparition subite de cette cité des désolations au milieu d'une solitude désolée avait quelque chose d'effrayant ; c'était véritablement la reine du désert.

Le Jourdain et la mer Morte

Nous avancions : l'aspect des montagnes était toujours le même, c'est-à-dire blanc, poudreux, sans ombre, sans arbre, sans herbe et sans mousse. A quatre heures et demie, nous descendîmes de la haute chaîne de ces montagnes sur une chaîne moins élevée. Nous cheminâmes pendant cinquante minutes sur un plateau assez égal. Nous parvînmes enfin au dernier rang des monts qui bordent à l'oc-

cident la vallée du Jourdain et les eaux de la mer
Morte. Le soleil était près de se coucher : nous
mîmes pied à terre pour laisser reposer les chevaux, et je contemplai à loisir le lac, la vallée et
le fleuve.

Quand on parle d'une vallée, on se représente
une vallée cultivée ou inculte : cultivée, elle est
couverte de moissons, de vignes, de villages, de
troupeaux; inculte, elle offre des herbages ou des
forêts; si elle est arrosée par un fleuve, ce fleuve
a des replis; les collines qui forment cette vallée
ont elles-mêmes des sinuosités dont les perspectives
attirent agréablement les regards.

Ici, rien de tout cela : qu'on se figure deux longues chaînes de montagnes courant parallèlement
du septentrion au midi, sans détours, sans sinuosités. La chaîne du levant, appelée *Montagne d'Arabie*, est la plus élevée; vue à la distance de huit à
dix lieues, on dirait un grand mur perpendiculaire,
tout-à-fait semblable au Jura par sa forme et par
sa couleur azurée : on ne distingue pas un sommet,
pas la moindre cime; seulement on aperçoit çà et là
de légères inflexions, comme si la main du peintre
qui a tracé cette ligne horizontale sur le ciel eût
tremblé dans quelques endroits.

La chaîne du couchant appartient aux montagnes
de Judée. Moins élevée et plus inégale que la chaîne
de l'est, elle en diffère encore par sa nature : elle
présente de grands monceaux de craie et de sable
qui imitent la forme de faisceaux d'armes, de dra-
peaux ployés, ou de tentes d'un camp assis au bord

d'une plaine. Du côté de l'Arabie, ce sont au contraire de noirs rochers à pic qui répandent au loin leur ombre sur les eaux de la mer Morte. Le plus petit oiseau du ciel ne trouverait pas dans ces rochers un brin d'herbe pour se nourrir ; tout y annonce la patrie d'un peuple réprouvé.

La vallée comprise entre ces deux chaînes de montagnes offre un sol semblable au fond d'une mer depuis longtemps retirée ; des plages de sel, une vase desséchée, des sables mouvants et comme sillonnés par les flots. Çà et là des arbustes chétifs croissent péniblement sur cette terre privée de vie ; leurs feuilles sont couvertes du sel qui les a nourris, et leur écorce a le goût et l'odeur de la fumée. Au lieu de villages, on aperçoit les ruines de quelques tours. Au milieu de la vallée passe un fleuve décoloré ; il se traîne à regret vers le lac empesté qui l'engloutit. On ne distingue son cours au milieu de l'arène que par les saules et les roseaux qui le bordent : l'Arabe se cache dans ces roseaux pour attaquer le voyageur et dépouiller le pèlerin.

Tels sont ces lieux fameux par les bénédictions et par les malédictions du ciel : ce fleuve est le Jourdain ; ce lac est la mer Morte ; elle paraît brillante, mais les villes coupables qu'elle cache dans son sein semblent avoir empoisonné ses flots. Ses abîmes solitaires ne peuvent nourrir aucun être vivant ; jamais vaisseau n'a pressé ses ondes ; ses grèves sont sans oiseaux, sans arbres, sans verdure ; et son eau, d'une amertume affreuse, est si pesante, que les vents les plus impétueux peuvent à peine la soulever.

Quand on voyage dans la Judée, d'abord un grand ennui saisit le cœur ; mais lorsque, passant de solitude en solitude, l'espace s'étend sans bornes devant vous, peu à peu l'ennui se dissipe, on éprouve une terreur secrète qui, loin d'abaisser l'âme, donne du courage et élève le génie. Des aspects extraordinaires décèlent de toutes parts une terre travaillée par des miracles : le soleil brûlant, l'aigle impétueux, le figuier stérile, toute la poésie, tous les tableaux de l'Ecriture sont là. Chaque nom renferme un mystère ; chaque grotte déclare l'avenir ; chaque sommet retentit des accents d'un prophète. Dieu même a parlé sur ces bords : les torrents desséchés, les rochers fendus, les tombeaux entr'-ouverts, attestent le prodige ; le désert paraît encore muet de terreur, et l'on dirait qu'il n'a osé rompre le silence depuis qu'il a entendu la voix de l'Eternel.

Nous descendîmes de la croupe de la montagne afin d'aller passer la nuit au bord de la mer Morte, pour remonter ensuite au Jourdain.

Le lac fameux qui occupe l'emplacement de Sodome et de Gomorrhe est nommé *mer Morte* ou *mer Salée* dans l'Ecriture ; *Asphaltite* par les Grecs et les Latins ; *Almotanah* et *Bahar-Loth* par les Arabes ; *Ula-Degnisi* par les Turcs. Je ne puis être du sentiment de ceux qui supposent que la mer Morte n'est que le cratère d'un volcan. J'ai vu le Vésuve, la Solfatare, le Monte-Nuovo dans le lac

Fusin , le Pic-des-Açores , le Mamelife vis-à-vis de
Carthage , les volcans éteints d'Auvergne ; j'ai partout remarqué les mêmes caractères, c'est-à-dire
des montagnes creusées en entonnoir, des laves et
des cendres où l'action du feu ne se peut mécon-
naître. La mer Morte, au contraire, est un lac assez
long, courbé en arc, encaissé entre deux chaînes de
montagnes qui n'ont entre elles aucune cohérence
de forme , aucune homogénéité de sol. Elles ne se
rejoignent point aux deux extrémités du lac : elles
continuent, d'un côté, à border la vallée du Jourdain en se rapprochant vers le nord jusqu'au lac de
Tibériade ; et de l'autre , elles vont, en s'écartant ,
se perdre au midi dans les sables de l'Yémen. Il est
vrai qu'on trouve du bitume , des eaux chaudes et
des pierres phosphoriques dans la chaîne des montagnes d'Arabie; mais je n'en ai point vu dans la
chaîne opposée. D'ailleurs la présence des eaux
thermales , du soufre et de l'asphalte ne suffit point
pour attester l'existence antérieure d'un volcan.
C'est dire assez que , quant aux villes abîmées , je
m'en tiens au sens de l'Écriture sans appeler la
physique à mon secours. D'ailleurs , en adoptant
l'idée du professeur Michaëlis et du savant Busching
dans son *Mémoire sur la mer Morte* , la physique
peut encore être admise dans la catastrophe des
villes coupables sans blesser la religion. Sodome
était bâtie sur une carrière de bitume, comme on
le sait par le témoignage de Moïse et de Joseph, qui
parlent des puits de bitume de la vallée de Siddim.

La foudre alluma ce gouffre, et les villes s'enfoncèrent dans l'incendie souterrain.

Strabon parle de treize villes englouties dans le lac Asphaltite; Etienne de Byzance en compte huit; la *Genèse* en place cinq *in valle silvestri*, Sodome, Gomorrhe, Adam, Seboïm, et Bala ou Ségor; mais elle ne marque que les deux premières comme détruites par la colère de Dieu; le *Deutéronone* en cite quatre : Sodome, Gomorrhe, Adam et Seboim; la *Sagesse* en compte cinq sans les désigner : *descendente igne in Pentapolim*.

Il n'y a presque point de lecteur qui n'ait entendu parler du fameux arbre de Sodome : cet arbre doit porter une pomme agréable à l'œil, mais amère au goût et pleine de cendres.

J'employai deux heures entières (5 octobre) à errer au bord de la mer Morte, malgré les Bethléémites qui me pressaient de quitter cet endroit dangereux. Je voulais voir le Jourdain à l'endroit où il se jette dans le lac.

J'avais vu les grands fleuves de l'Amérique avec ce plaisir qu'inspire la solitude et la nature; j'avais visité le Tibre avec empressement, et recherché avec le même intérêt l'Eurotas et le Céphise; mais je ne puis dire ce que j'éprouvai à la vue du Jourdain. Non-seulement ce fleuve me rappelait une antiquité fameuse et un des plus beaux noms que jamais la plus belle poésie ait confiés à la mémoire des hommes, mais ces rives m'offraient encore le théâtre des miracles de ma religion. La Judée est le seul pays de la terre qui retrace au voyageur le

souvenir des affaires humaines et des choses du
ciel, et qui fasse naître au fond de l'âme, par ce
mélange, un sentiment et des pensées qu'aucun
autre lieu ne peut inspirer.

Le Jourdain est un fleuve sacré pour les Turcs et
les Arabes, qui conservent plusieurs traditions
hébraïques et chrétiennes, les unes dérivées d'Is-
maël, dont les Arabes habitent encore le pays, les
autres introduites chez les Turcs à travers les fa-
bles du Coran.

A environ deux lieues de l'endroit où nous étions
arrêtés, j'aperçus plus haut, sur le cours du fleuve,
un bocage d'une grande étendue. Je le voulus visiter, car je calculai que c'était à peu près là, en
face de Jéricho, que les Israélites passèrent le fleuve,
que la manne cessa de tomber, que les Hébreux
goûtèrent les premiers fruits de la terre promise,
que Naaman fut guéri de la lèpre, et qu'enfin Jésus-Christ reçut le baptême de la main de saint
Jean-Baptiste. Nous marchâmes vers cet endroit
pendant quelque temps, puis nous revînmes au
Jourdain, qu'un détour avait éloigné de nous sur la
droite. Je lui trouvai la même largeur et la même
profondeur qu'à une lieue plus bas, c'est-à-dire six
à sept pieds de profondeur sous la rive, et à peu
près cinquante pas de largeur.

Jéricho.

Après avoir achevé de prendre les notes qui me
parurent les p'us importantes, je saluai pour la
dernière fois le Jourdain ; je pris une bouteille de
son eau et quelques roseaux de sa rive. Nous commençâmes à nous éloigner pour gagner le village

de Rihha, l'ancienne Jéricho, sous la montagne de Judée.

L'abbé Mariti a très bien recueilli les faits historiques touchant cette ville célèbre; il a aussi parlé des productions de Jéricho, de la manière d'extraire l'huile de zaccon, etc : il serait donc inutile de le répéter, à moins de faire, comme tant d'autres, un Voyage avec des Voyages. On sait aussi que les environs de Jéricho sont ornés d'une source dont les eaux autrefois amères furent adoucies par un miracle d'Elisée. Cette source est située à deux milles au-dessus de la ville, au pied de la montagne où Jésus-Christ pria et jeûna pendant quarante jours. Elle se divise en deux bras. On voit sur ses bords quelques champs de doura, des groupes d'acacias, l'arbre qui donne le baume de Judée, et des arbustes qui ressemblent au lilas pour la feuille, mais dont je n'ai pas vu la fleur. Il n'y a plus de roses ni de palmiers à Jéricho, et je n'ai pu y manger les nicolaï d'Auguste : ces dattes, au temps de Belon, étaient fort dégénérées. Un vieil accacia protége la source; un autre arbre se penche un peu plus bas sur le ruisseau qui sort de cette source, et forme sur ce ruisseau un pont naturel.

Nous quittâmes la source d'Élisée le 6, à trois heures de l'après-midi, pour retourner à Jérusalem. Nous laissâmes à droite le mont de la *Quarantaine*, qui s'élève au-dessus de Jéricho, précisément en face du mont Abarim, d'où Moïse, avant de mourir, aperçut la terre de Promission. En rentrant dans la montagne de Judée, nous vîmes les restes d'un

Itinéraire.   5

aqueduc romain. L'abbé Mariti , poursuivi par le souvenir des moines , veut encore que cet aqueduc ait servi à arroser les terres voisines lorsqu'on cultivait la canne à sucre dans la plaine de Jéricho. Si la seule inspection de l'ouvrage ne suffisait pas pour détruire cette idée bizarre , on pourrait consulter Adrichomius (*Theatrum Terræ-Sanctæ*), l'*Elucidatio historica Terræ-Sanctæ* de Quaresmius , et la plupart des voyageurs déjà cités. Le chemin que nous suivions dans la montagne était large et quelquefois pavé ; c'est peut-être une ancienne voie romaine. Nous passâmes au pied d'une montagne couronnée autrefois par un château gothique qui protégeait et fermait le chemin. Après cette montagne , nous descendîmes dans une vallée noire et profonde, appelée en hébreu *Adommim* ou *le lieu du sang*. Il y avait là une petite cité de la tribu de Juda, et ce fut dans cet endroit solitaire que le Samaritain secourut le voyageur blessé.

Nous passâmes à Bahurin, où David , fuyant devant Absalon, faillit d'être lapidé par Seméi. Un peu plus loin, nous mîmes pied à terre à la fontaine où Jésus-Christ avait coutume de se reposer avec les apôtres en revenant de Jéricho. Nous commençâmes à gravir les revers de la montagne des Oliviers ; nous traversâmes le village de Béthanie, où l'on montre les ruines de la maison de Marthe et le sépulcre de Lazare. Ensuite nous descendîmes la montagne des Oliviers , qui domine Jérusalem, et nous traversâmes le torrent de Cédron dans la vallée de Josaphat. Un sentier qui circule au pied de

Temple, et s'élève sur le mont Sion, nous conduisit à la porte des Pèlerins, en faisant le tour entier de la ville.

L'église du Saint-Sépulcre se compose de trois églises : celle du Saint-Sépulcre , celle du Calvaire et celle de l'Invention de la Sainte-Croix.

L'église proprement dite du Saint-Sépulcre est bâtie dans la vallée du mont Calvaire, et sur le terrain où l'on sait que Jésus-Christ fut enseveli. Cette église forme une croix ; la chapelle même du Saint-Sépulcre n'est en effet que la grande nef de l'édifice : elle est circulaire comme le Panthéon à Rome , et ne reçoit le jour que par un dôme au-dessous duquel se trouve le Saint-Sépulcre. Seize colonnes de marbre ornent le pourtour de cette rotonde ; elles soutiennent , en décrivant dix-sept arcades , une galerie supérieure, également composée de seize colonnes et de dix-sept arcades qui les portent. Des niches correspondantes aux arcades s'élèvent au-dessus de la frise de la dernière galerie, et le dôme prend sa naissance sur l'arc de ces niches. Celles-ci étaient autrefois décorées de mosaïques représentant les douze apôtres , sainte Hélène, l'empereur Constantin, et trois autres portraits inconnus.

Le chœur de l'église du Saint-Sépulcre est à l'orient de la nef du tombeau : il est double comme dans les anciennes basiliques , c'est-à-dire qu'il a d'abord une enceinte avec des stalles pour les prêtres, ensuite un sanctuaire reculé et élevé de deux degrés au-dessus du premier. Autour de ce double sanctuaire règnent les ailes du chœur, et dans ces ailes sont placées les chapelles décrites par Deshayes.

C'est aussi dans l'aile droite, derrière le chœur, que s'ouvrent les deux escaliers qui conduisent, l'un à l'église du Calvaire, l'autre à l'église de l'Invention de la Sainte-Croix : le premier monte à la cime du Calvaire ; le second descend sous le Calvaire même ; en effet la croix fut élevée sur le sommet du Golgotha, et retrouvée sous cette montagne. Ainsi, pour nous résumer, l'église du Saint-Sépulcre est bâtie au pied du Calvaire : elle touche par sa partie orientale à ce monticule sous lequel et sur lequel on a bâti deux autres églises, qui tiennent par des murailles et des escaliers voûtés au principal monument.

L'architecture de l'église est évidemment du siècle de Constantin : l'ordre corinthien domine partout. Les piliers sont lourds ou maigres, et leur diamètre est presque toujours sans proportion avec leur hauteur. Quelques colonnes accouplées qui portent la frise du chœur sont toutefois d'un assez bon style. L'église étant haute et développée, les corniches se profilent à l'œil avec assez de grandeur ; mais comme depuis environ soixante ans on a surbaissé l'arcade qui sépare le chœur de la nef, le rayon horizontal est brisé, et l'on ne jouit plus de l'ensemble de la voûte.

L'église n'a point de péristyle : on entre par deux portes latérales ; il n'y en a plus qu'une d'ouverte. Ainsi le monument ne paraît pas avoir eu de décorations extérieures. Il est masqué d'ailleurs par les masures et par les couvents grecs qui sont accolés aux murailles.

Le petit monument de marbre qui couvre le Saint-Sépulcre a la forme d'un catafalque orné d'arceaux demi-gothiques engagés dans les côtés-pleins de ce catafalque : il s'élève élégamment sous le dôme qui l'éclaire, mais il est gâté par une chapelle massive que les Arméniens ont obtenu la permission de bâtir à l'une de ses extrémités. L'intérieur du catafalque offre un tombeau de marbre blanc fort simple, appuyé d'un côté au mur du monument, et servant d'autel aux religieux catholiques : c'est le tombeau de Jésus-Christ.

La fondation de l'église du Saint-Sépulcre remonte au moins au règne de Constantin : il nous reste une lettre de ce prince, qui ordonne à Macaire, évêque de Jérusalem, d'élever une église sur le lieu où s'accomplit le grand mystère du salut.

Cette église fut ravagée par Cosroës II, roi de Perse, environ trois siècles après qu'elle eut été bâtie par Constantin. Héraclius reconquit la vraie Croix, et Modeste, évêque de Jérusalem, rétablit l'église du Saint-Sépulcre. Quelque temps après, le calife Omar s'empara de Jérusalem, mais il laissa aux chrétiens le libre exercice de leur culte. Vers l'an 1009, Hequem ou Hakem, qui régnait en Egypte, porta la désolation au tombeau de Jésus-Christ. Les uns veulent que la mère de ce prince, qui était chrétienne, ait fait encore relever les murs de l'église abattue ; les autres disent que le fils du calife d'Egypte ; à la sollicitation de l'empereur Argyropile, permit aux fidèles d'enfermer les saints lieux dans un monument nouveau. Mais comme à l'époque du règne de Hakem les chrétiens de Jérusalem n'étaient ni assez riches, ni assez habiles pour bâtir l'édifice qui couvre aujourd'hui le Calvaire (1) ; comme, malgré un passage très suspect de Guillaume de Tyr, rien n'indique que les Croisés aient fait construire à Jérusalem une église du Saint-Sépulcre, il est probable que l'église fondée par Constantin a toujours subsisté telle qu'elle est, du moins quant aux murailles du bâtiment. La seule inspection de l'architecture de ce bâtiment suffirait pour démontrer la vérité de ce que j'avance.

Les lecteurs chrétiens demanderont peut-être à présent quels furent les sentiments que j'éprouvai en entrant dans ce lieu redoutable ; je ne puis réellement le dire. Tant de choses se présentaient à la fois à mon esprit, que je ne m'arrêtais à aucune idée particulière. Je restai près d'une demi-heure à genoux dans la petite chambre du Saint-Sépulcre, les regards attachés sur la pierre sans pouvoir les en arracher. L'un des deux religieux qui me conduisaient demeurait prosterné auprès de moi, le front sur le marbre ; l'autre, l'Evangile à la main, me lisait à la lueur des lampes les passages relatifs au saint tombeau. Entre chaque verset il récitait une

(1) On prétend que Marie, femme de Hakem et mère du nouveau calife, en ût les frais, et qu'elle fut aidée dans cette pieuse entreprise par Constantin Monomaque.

prière : *Domine Jesu Christe , qui in hora diei ves-
pertina de cruce depositus , in brachiis dulcissimœ
Matris tuœ reclinatus fuisti , horaque ultima in hoc
sanctissimo monumento corpus tuum examine con-
tulisti , etc.* Tout ce que je puis assurer, c'est qu'à
la vue de ce sépulcre triomphant je ne sentis que
ma faiblesse ; et quand mon guide s'écria avec
saint Paul : *Ubi est , Mors , victoria tua ? Ubi est ,
Mors, simulus tuus ?* je prêtai l'oreille , comme si
la Mort allait répondre qu'elle était vaincue et en-
chaînée de ce monument.

Nous parcourûmes les stations jusqu'au sommet
du Calvaire. Où trouver dans l'antiquité rien d'aussi
touchant, rien d'aussi merveilleux que les dernières
scènes de l'Evangile ? Ce ne sont point ici les aventures bizarres d'une divinité étrangère à l'humanité :
c'est l'histoire la plus pathétique , histoire qui non-
seulement fait couler des larmes par sa beauté, mais
dont les conséquences , appliquées à l'univers, ont
changé la face de la terre. Je venais de visiter les
monuments de la Grèce, et j'étais encore tout rempli de leur grandeur ; mais qu'ils avaient été loin
de m'inspirer ce que j'éprouvais à la vue des lieux
saints !

L'église du Saint-Sépulcre, composée de plusieurs
églises, bâtie sur un terrain inégal, éclairée par une
multitude de lampes, est singulièrement mystérieuse ; il y règne une obscurité favorable à la piété
et au recueillement de l'âme. Des prêtres chrétiens
des différentes sectes habitent les différentes parties
de l'édifice. Du haut des arcades, où ils se sont ni-

chés comme des colombes, du fond des chapelles et des souterrains, ils font entendre leurs cantiques à toutes les heures du jour et de la nuit ; l'orgue du religieux latin , les cymbales du prêtre abyssin , la voix du caloyer grec, la prière du solitaire armé-nien, l'espèce de plainte du moine cophte, frappent tour à tour ou tout à la fois votre oreille ; vous ne savez d'où partent ces concerts ; vous respirez l'odeur de l'encens sans apercevoir la main qui le brûle : seulement vous voyez passer , s'enfoncer derrière des colonnes , se perdre dans l'ombre du temple , le pontife qui va célébrer les plus redou-tables mystères aux lieux mêmes où ils se sont accomplis.

Je ne sortis point de l'enceinte sacrée sans m'ar-rêter aux monuments de Godefroy et de Baudoin : ils font face à la porte de l'église , et sont appuyés contre le mur du chœur. Je saluai les cendres de ces rois chevaliers qui méritèrent de reposer près du grand sépulcre qu'ils avaient délivré. Ces cen-dres sont des cendres françaises , et les seules qui soient ensevelies à l'ombre du tombeau de Jésus-Christ. Quel titre d'honneur pour ma patrie !

Voie doulou-reuse.

Je retournai au couvent à onze heures, et j'en sortis de nouveau à midi pour suivre la *Voie doulou-reuse*. On appelle ainsi le chemin que parcourut le Sauveur du monde en se rendant de la maison de Pilate au Calvaire.

La maison de Pilate est une ruine d'où l'on dé-couvre le vaste emplacement du Temple de Salo-mon et la mosquée bâtie sur cet emplacement.

Jésus-Christ ayant été battu de verges, couronné d'épines, et revêtu d'une casaque de pourpre, fut présenté aux Juifs par Pilate. *Ecce Homo*, s'écria le juge ; et l'on voit encore la fenêtre d'où il prononça ces paroles mémorables.

Selon la tradition latine à Jérusalem, la couronne de Jésus-Christ fut prise sur l'arbre épineux *lycium spinosum*. Mais le savant botaniste Hasselquist croit qu'on employa pour cette couronne le *nabka* des Arabes. La raison qu'il en donne mérite d'être rapportée :

« Il y a toute apparence, dit l'auteur, que le nabka
» fournit la couronne que l'on mit sur la tête de
» Notre-Seigneur : il est commun dans l'Orient. On
» ne pouvait choisir une plante plus propre à cet
» usage, car elle est armée de piquants; ses branches
» sont souples et pliantes, et sa feuille est d'un vert
» foncé comme celle du lierre. Peut-être les enne-
» mis de Jésus-Christ choisirent-ils, pour ajouter
» l'insulte au châtiment, une plante approchant de
» celle dont on se servait pour couronner les empe-
» reurs et les généraux d'armée. »

Une autre tradition conserve à Jérusalem la sentence prononcée par Pilate contre le Sauveur du monde :

« Jesum Nazarenum, subversorem gentis, con-
» temptorem Cæsaris, et falsum Messiam, ut ma-
» jorum suæ gentis testimonio probatum est, ducite
» ad communis suplicii locum, et eum in ludibriis
» regiæ majestatis in medio duorum latronum cruci
» affigite. » *I, lictor, expedi cruces.*

5..

A cent vingt pas de l'arc de l'*Ecce Homo*, on me montra à gauche les ruines d'une église consacrée autrefois à Notre-Dame-des-Douleurs. Ce fut dans cet endroit que Marie, chassée d'abord par les gardes, rencontra son Fils chargé de la croix. Ce fait n'est point rapporté dans les Evangiles , mais il est cru généralement, sur l'autorité de saint Boniface et de saint Anselme. Saint Boniface dit que la Vierge tomba comme demi-morte, et qu'elle ne put prononcer un seul mot : *Nec verbum dicere potuit.* Saint Anselme assure que le Christ la salua par ces mots : *Salve, Mater!* Comme on retrouve Marie au pied de la croix, ce récit des Pères n'a rien que de très probable ; la foi ne s'oppose point à ces traditions : elles montrent à quel point la merveilleuse et sublime histoire de la Passion s'est gravée dans la mémoire des hommes. Dix-huit siècles écoulés , des persécutions sans fin , des révolutions éternelles , des ruines toujours croissantes, n'ont pu effacer ou cacher la trace d'une mère qui vint pleurer sur son fils.

Cinquante pas plus loin nous trouvâmes l'endroit où Simon le Cyrénéen aida Jésus-Christ à porter sa croix.

» Comme ils le menaient à la mort, ils prirent un
» homme de Cyrène, appelé *Simon*, qui revenait
» des champs , et le chargèrent de la croix , la lui
» faisant porter après Jésus. »

Ici le chemin qui se dirigeait est et ouest fait un coude et tourne au nord; je vis à main droite le lieu où se tenait Lazare le pauvre, et en face, de l'autre côté de la rue, la maison du mauvais riche.

« Il y avait un homme riche qui était vêtu de » pourpre et de lin, et qui se traitait magnifique- » ment tous les jours. . . . . »

Après avoir passé la maison du mauvais riche on tourne à droite, et l'on reprend la direction du couchant. A l'entrée de cette rue qui monte au Calvaire, le Christ rencontra les saintes femmes qui pleuraient.

» Or, il était suivi d'une grande multitude de » peuple et de femmes qui se frappaient la poitrine » et qui le pleuraient.

» Mais Jésus se tournant vers elles leur dit : Filles » de Jérusalem, ne pleurez pas sur moi, mais pleu- » rez sur vous-mêmes et sur vos enfants. »

A cent dix pas de là on montre l'emplacement de la maison de Véronique, et le lieu où cette pieuse femme essuya le visage du Sauveur. Le premier nom de cette femme était Bérénice ; il fut changé dans la suite en celui de *Vera-Icon*, vraie image, par la transposition de deux lettres ; en outre, la transmutation du *b* en *v* est très fréquente dans les langues anciennes.

Après avoir fait une centaine de pas on trouve la porte Judiciaire : c'était la porte par où sortaient les criminels qu'on exécutait sur le Golgotha. Le Golgotha, aujourd'hui renfermé dans la nouvelle cité, était hors de l'enceinte de l'ancienne Jérusalem.

De la porte Judiciaire au haut du Calvaire on

compte à peu près deux cents pas : là se termine la
Voie douloureuse, qui peut avoir en tout un mille
de longueur. Nous avons vu que le Calvaire est
maintenant compris dans l'église du Saint-Sépulcre.
Si ceux qui lisent la Passion dans l'Evangile sont
frappés d'une sainte tristesse et d'une admiration
profonde, qu'est-ce donc que d'en suivre les scènes
au pied de la montagne de Sion, à la vue du Temple, et dans les murs mêmes de Jérusalem.

Après la description de la Voie douloureuse et de
l'église du Saint-Sépulcre, je ne dirai qu'un mot
des autres lieux de dévotion que l'on trouve dans
l'enceinte de la ville. Je me contenterai de les nommer dans l'ordre où je les ai parcourus pendant
mon séjour à Jérusalem.

1° La maison d'Anne le pontife, près de la porte
de David, au pied du mont Sion, en dedans du
mur de la ville : les Arméniens possèdent l'église
bâtie sur les ruines de cette maison.

2° Le lieu de l'apparition du Sauveur à Marie-
Madeleine, Marie mère de Jacques, et Marie Salomé,
entre le château et la porte du mont Sion.

3° La maison de Simon le pharisien. Madeleine y
confessa ses erreurs. C'est une église totalement
ruinée, à l'orient de la ville.

4° Le monastère de sainte Anne, mère de la sainte
Vierge, et la grotte de la Conception immaculée,
sous l'église du monastère. Ce monastère est con-
verti en mosquée, mais on y entre pour quelques
médins. Sous les rois chrétiens, il était habité par

des religieuses. Il n'est pas loin de la maison de
Simon.

5° La prison de saint Pierre, près du Calvaire.
Ce sont de vieilles murailles où l'on montre des
crampons de fer.

6° La maison de Zébédée, assez près de la prison
de saint Pierre, grande église qui appartient au
patriarche grec.

7° La maison de Marie, mère de Jean-Marc, où
saint Pierre se retira lorsqu'il eût été délivré par
l'ange. C'est une église desservie par les Syriens.

8° Le lieu du martyre de saint Jacques-le-Majeur.
C'est le couvent des Arméniens. L'église en est fort
riche et fort élégante. Je parlerai bientôt du patriarche arménien.

Le lecteur a maintenant sous les yeux le tableau
complet des monuments chrétiens dans Jérusalem.
Nous allons à présent visiter les dehors de la ville
sainte.

J'avais employé deux heures à parcourir à pied
la Voie douloureuse. J'eus soin chaque jour de revoir ce chemin sacré, ainsi que l'église du Calvaire,
afin qu'aucune circonstance essentielle n'échappât
à ma mémoire. Il était donc deux heures quand
j'achevai, le 7 octobre, ma première revue des
saints lieux. Je montai alors à cheval avec Ali-Aga,
le drogman Michel et mes domestiques. Nous sortîmes par la porte de Jaffa pour faire le tour complet de Jérusalem. Nous étions couverts d'armes,
habillés à la française, et très décidés à ne souffrir
aucune insulte. On voit que les temps sont bien

changés, grâce au renom de nos victoires ; car l'ambassadeur Deshayes, sous Louis XIII, eut toutes les peines du monde à obtenir la permission d'entrer à Jérusalem avec son épée.

Nous tournâmes à gauche en sortant de la porte de la ville ; nous marchâmes au midi, et nous passâmes la piscine de Bersabée, fossé large et profond, mais sans eau ; ensuite nous gravîmes la montagne de Sion, dont une partie se trouve hors de Jérusalem.

Montagne de Sion. Je suppose que ce nom de Sion réveille dans la mémoire des lecteurs un grand souvenir ; qu'ils sont curieux de connaître cette montagne si mystérieuse dans l'Ecriture, si célèbre dans les cantiques de Salomon ; cette montagne objet des bénédictions ou des larmes des prophètes, et dont Racine a soupiré les malheurs.

C'est un monticule d'un aspect jaunâtre et stérile, ouvert en forme de croissant du côté de Jérusalem, à peu près de la hauteur de Montmartre, mais plus arrondi au sommet. Ce sommet sacré est marqué par trois monuments, ou plutôt par trois ruines : la maison de Caïphe, le Saint-Cénacle, et le tombeau ou le palais de David. Du haut de la montagne vous voyez au midi la vallée de Ben-Hinnon, par-delà cette vallée le Champ-du-Sang acheté des trente deniers de Judas, le mont du Mauvais-Conseil, les tombeaux des juges, et tout le désert vers Habron et Bethléem. Au nord le mur de Jérusalem, qui passe sur la cime de Sion,

vous empêche de voir la ville ; celle-ci va toujours
en s'inclinant vers la vallée de Josaphat.

La maison de Caïphe est aujourd'hui une église
desservie par les Arméniens ; le tombeau de David
est une petite salle voûtée, où l'on trouve trois sépulcres de pierre noirâtre ; le Saint-Cénacle est une
mosquée et un hôpital turc : c'étaient autrefois
une église et un monastère occupés par les Pères
de Terre-Sainte. Ce dernier sanctuaire est également
fameux dans l'ancien et dans le nouveau *Testament:*
David y bâtit son palais et son tombeau ; il y garda
pendant trois mois l'arche d'alliance ; Jésus-Christ
y fit la dernière pâque, et y institua le sacrement
d'Eucharistie ; il y apparut à ses disciples le jour de
sa résurrection ; le Saint-Esprit y descendit sur les
apôtres. Le Saint-Cénacle devint le premier temple
chrétien que le monde ait vu ; saint Jacques-le-
Mineur y fut consacré premier évêque de Jérusalem, et saint Pierre y tint le premier concile de
l'église ; enfin ce fut de ce lieu que les apôtres par-
tirent, pauvres et nus, pour monter sur tous les
trônes de la terre : *Docete omnes gentes!*

L'historien Josèphe nous a laissé une description
magnifique du palais et du tombeau de David.

En descendant de la montagne de Sion, du côté
du levant, nous arrivâmes à la vallée, à la fontaine
et à la piscine de Siloë où Jésus-Christ rendit la
vue à l'aveugle. La fontaine sort du rocher ; elle
coule en silence, *cum silentio*, selon le témoignage
de Jérémie, ce qui contredit un passage de saint
Jérôme ; elle a une espèce de flux et de reflux,

tantôt versant ses eaux comme la fontaine de Vaucluse, tantôt les retenant et les laissant à peine couler. Les lévites répandaient l'eau de Siloë sur l'autel à la fête des Tabernacles, en chantant. La piscine, ou plutôt les deux piscines du même nom sont tout auprès de la source. Elles servent aujourd'hui à laver le linge comme autrefois, et nous y vîmes des femmes qui nous dirent des injures en s'enfuyant. L'eau de la fontaine est saumâtre et assez désagréable au goût; on s'y baigne les yeux en mémoire du miracle de l'aveugle-né.

Vallée de Josaphat

Nous avançâmes jusqu'à l'angle oriental du mur de la ville, et nous entrâmes dans la vallée de Josaphat. Elle court du nord au midi, entre la montagne des Oliviers et le mont Moria. Le torrent de Cédron passe au milieu. Ce torrent est à sec une partie de l'année; dans les orages ou dans les printemps pluvieux il roule une eau rougie.

La vallée de Josaphat est encore appelée dans l'Ecriture *vallée de Savé, vallée du Roi, vallée de Melchisédech* (1). Ce fut dans la vallée de Melchisédech que le roi de Sodome chercha Abraham pour le féliciter de la victoire remportée sur les cinq rois. Méloch et Béelphégor furent adorés dans cette même vallée. Elle prit dans la suite le nom de *Josaphat*, parce que le roi de ce nom y fit élever son tombeau. La vallée de Josaphat semble avoir toujours servi de cimetière à Jérusalem; on y rencontre les mo-

(1) Sur tout cela il y a différentes opinions. La vallée du Roi pourrait bien être vers les montagnes du Jourdain et cette position conviendrait même davantage à l'histoire d'Abraham.

numents des siècles les plus reculés et des temps les
plus modernes : les Juifs viennent y mourir des
quatre parties du monde ; un étranger leur vend au
poids de l'or un peu de terre pour couvrir leurs
corps dans le champ de leurs aïeux. Les cèdres dont
Salomon planta cette vallée (1), l'ombre du temple
dont elle était couverte, le torrent qui la traver-
sait (2), les cantiques de deuil que David y composa, les lamentations que Jérémie y fit entendre, la
rendaient propre à la tristesse et à la paix des tombeaux. En commençant sa Passion dans ce lieu
solitaire, Jésus-Christ le consacra de nouveau aux
douleurs : ce David innocent y versa, pour effacer
nos crimes, les larmes que le David coupable y
répandit pour expier ses propres erreurs. Il y a peu
de noms qui réveillent dans l'imagination des pensées à la fois plus touchantes et plus formidables
que celui de la vallée de Josaphat : vallée si pleine
de mystères que, selon le prophète Joël, tous les
hommes y doivent comparaître un jour devant le
juge redoutable : *Congregabo omnes gentes, et de-
ducam eas in vallem Josaphat, et disceptabo cum eis
ibi.* « Il est raisonnable, dit le père Nau, que l'hon-
» neur de Jésus-Christ soit réparé publiquement
» dans le lieu où il lui a été ravi par tant d'oppro-

(1) Josèphe raconte que Salomon fit couvrir de cèdres les montagnes
de la Judée.
(2) Cédron est un mot hébreu qui signifie noirceur et tristesse. On
observe qu'il y a faute dans l'évangile de saint Jean, qui nomme ce
torrent, *Torrent des Cèdres*. L'erreur vient d'un oméga, écrit au lieu
d'un omicron : *Kédrón*, au lieu de *Kedron*.

» bres et d'ignominies, et qu'il juge justement les
» hommes où ils l'ont jugé si injustement. »

L'aspect de la vallée de Josaphat est désolé : le
côté occidental est une haute falaise de craie qui
soutient les murs gothiques de la ville, au-dessus
desquels on aperçoit Jérusalem ; le côté oriental est
formé par le mont des Oliviers et par la montagne
du Scandale, *mons offensionis*, ainsi nommée de
l'idolâtrie de Salomon. Ces deux montagnes, qui se
touchent, sont presque nues et d'une couleur rouge
et sombre : sur leurs flancs déserts on voit çà et là
quelques vignes noires et brûlées, quelques bouquets d'oliviers sauvages, des friches couvertes
d'hysope, des chapelles, des oratoires et des mosquées en ruine. Au fond de la vallée on découvre
un pont d'une seule arche, jeté sur la ravine du
torrent de Cédron. Les pierres du cimetière des
Juifs se montrent comme un amas de débris au pied
de la montagne du Scandale, sous le village arabe
de Silean : on a peine à distinguer les masures de
ce village des sépulcres dont elles sont environnées.
Trois monuments antiques, les tombeaux de Zacha-
rie, de Josaphat et d'Absalon, se font remarquer
dans ce champ de destruction. A la tristesse de Jérusalem, dont il ne s'élève aucune fumée, dont il ne
sort aucun bruit ; à la solitude des montagnes où
l'on n'aperçoit pas un être vivant ; au désordre de
toutes ces tombes fracassées, brisées, demi-ou-
vertes, on dirait que la trompette du jugement
s'est déjà fait entendre, et que les morts vont se
lever dans la vallée de Josaphat.

Au bord même, et presque à la naissance du torrent de Cédron, nous entrâmes dans le jardin des
Oliviers; il appartient aux Pères latins, qui l'ont
acheté de leurs propres deniers : on y voit huit gros
oliviérs d'une extrême décrépitude. L'olivier est
pour ainsi dire immortel, parce qu'il renaît de sa
souche. On conservait dans la citadelle d'Athènes
un olivier dont l'origine remontait à la fondation de
la ville. Les oliviers du jardin de ce nom à Jérusalem sont au moins du temps du Bas-Empire; en
voici la preuve : en Turquie, tout olivier trouvé
debout par les mulsumans, lorsqu'ils envahirent
l'Asie, ne paie qu'un médin au fisc, tandis que l'o-
livier planté depuis la conquête doit au grand-sei-
gneur la moitié de ses fruits : or les huit oliviers
dont nous parlons ne sont taxés qu'à huit médins.

Nous descendîmes de cheval à l'entrée de ce jardin pour visiter à pied les Stations de la montagne.
Le village de Gethsémani était à quelque distance
du jardin des Oliviers. On le confond aujourd'hui
avec ce jardin, comme le remarquent Thévenot et
Roger.

Nous entrâmes d'abord dans le sépulcre de la
Vierge. C'est une église souterraine où l'on descend
par cinquante degrés assez beaux : elle est partagée
entre toutes les sectes chrétiennes : les Turcs même
ont un oratoire dans ce lieu; les catholiques possèdent le tombeau de Marie. Quoique la Vierge ne
soit pas morte à Jérusalem, elle fut (selon l'opinion
de plusieurs Pères) miraculeusement ensevelie à
Gethsémani par les apôtres. Euthymius raconte

l'histoire de ces merveilleuses funérailles. Saint
Thomas ayant fait ouvrir le cercueil, on n'y trouva
plus qu'une robe virginale, simple et pauvre vête-
ment de cette reine de gloire que les anges avaient
enlevée aux cieux.

Les tombeaux de saint Joseph, de saint Joachim
et de sainte Anne se voient aussi dans cette église
souterraine.

Sortis du sépulcre de la Vierge, nous allâmes
voir, dans le jardin des Oliviers, la grotte où le
Sauveur répandit une sueur de sang, en pronon-
çant ces paroles : *Pater, si possibile est, transeat a
me calix iste.*

Cette grotte est irrégulière ; on y a pratiqué des
autels. A quelques pas en dehors on voit la place
où Judas trahit son maître par un baiser. A quelle
espèce de douleur Jésus-Christ consentit à descendre ! Il éprouva ces affreux dégoûts de la vie
que la vertu même a de la peine à surmonter. Et à
l'instant où un ange est obligé de sortir du ciel pour
soutenir la Divinité défaillante sous le fardeau des
misères de l'homme, cette Divinité miséricordieuse
est trahie par l'homme !

En quittant la grotte du Calice d'amertume, et
gravissant un chemin tortueux semé de cailloux, le
drogman nous arrêta près d'une roche d'où l'on
prétend que Jésus-Christ regarda la ville coupable
en pleurant sur la désolation prochaine de Sion.
Baronius observe que Titus planta ses tentes à l'endroit même où le Sauveur avait prédit la ruine de
Jérusalem. Doubdan, qui combat cette opinion sans

citer Baronius, croit que la sixième légion romaine campa au sommet de la montagne des Oliviers, et non pas sur le penchant de la montagne. Cette critique est trop sévère, et la remarque de Baronius n'en est ni moins belle ni moins juste.

De la roche de la Prédiction nous montâmes à des grottes qui sont à la droite du chemin. On les appelle les *Tombeaux des Prophètes;* elles n'ont rien de remarquable, et l'on ne sait trop de quels prophètes elles peuvent garder les cendres.

Un peu au-dessus de ces grottes nous trouvâmes une espèce de citerne composée de douze arcades : ce fut là que les apôtres composèrent le premier symbole de notre croyance. Tandis que le monde entier adorait à la face du soleil mille divinités honteuses, douze pêcheurs, cachés dans les entrailles de la terre, dressaient la profession de foi du genre humain, et reconnaissaient l'unité du Dieu créateur de ces astres à la lumière desquels on n'osait encore proclamer son existence. Si quelque Romain de la cour d'Auguste, passant auprès de ce souterrain, eût aperçu les douze Juifs qui composaient cette œuvre sublime, quel mépris il eût témoigné pour cette troupe superstitieuse ! Avec quel dédain il eût parlé de ces premiers fidèles ! Et pourtant ils allaient renverser les temples de ce Romain, détruire la religion de ses pères, changer les lois, la politique, la morale, la raison, et jusqu'aux pensées des hommes. Ne désespérons donc jamais du salut des peuples. Les chrétiens gémissent aujourd'hui sur la tiédeur de la foi : qui sait si Dieu n'a point planté dans une aire inconnue le grain de sénevé qui doit multiplier dans les champs ? Peut-être cet espoir de salut est-il sous nos yeux sans que nous nous y arrêtions ; peut-être nous paraît-il aussi absurde que ridicule. Mais qui aurait jamais pu croire à la folie de la croix ?

On monte encore un peu plus haut , et l'on rencontre les ruines ou plutôt l'emplacement désert d'une chapelle : une tradition constante enseigne que Jésus-Christ récita dans cet endroit l'*Oraison dominicale.*

» Un jour, comme il était en prière en un certain » lieu, après qu'il eut cessé de prier, un de ses dis- » ciples lui dit : Seigneur, apprenez-nous à prier, » ainsi que Jean l'a appris à ses disciples.

» Et il leur dit : Lorsque vous prierez, dites : » Père , que votre nom soit sanctifié , etc. »

Ainsi furent composées presque au même lieu la profession de foi de tous les hommes et la prière de tous les hommes.

A trente pas de là, en tirant un peu vers le nord, est un olivier au pied duquel le Fils du souverain Arbitre prédit le jugement universel.

Enfin , on fait encore une cinquantaine de pas sur la montagne, et l'on arrive à une petite mosquée de forme octogone , reste d'une église élevée jadis à l'endroit même où Jésus-Christ monta au ciel après sa résurrection. On distingue sur le rocher l'empreinte du pied gauche d'un homme; le vestige du pied droit s'y voyait aussi autrefois : la plupart

des pèlerins disent que les Turcs ont enlevé
ce second vestige pour le placer dans la mosquée
du temple ; mais le père Roger affirme positive-
ment qu'il n'y est pas. Je me tais, par respect,
sans pourtant être convaincu, devant des autorités
considérables : saint Augustin, saint Jérôme, saint
Paulin, Sulpice Sévère, le vénérable Bède, la
tradition, tous les voyageurs anciens et modernes,
assurent que cette trace marque un pas de Jésus-
Christ. En examinant cette trace, on en a conclu
que le Sauveur avait le visage tourné vers le nord
au moment de son ascension comme pour renier ce
midi infesté d'erreurs, pour appeler à la foi les
Barbares qui devaient renverser les temples des
faux dieux, créer de nouvelles nations, et planter
l'étendard de la croix sur les murs de Jérusalem.

Plusieurs Pères de l'Eglise ont cru que Jésus-
Christ s'éleva aux cieux au milieu des âmes des
patriarches et des prophètes, délivrés par lui des
chaînes de la mort : sa mère et cent vingt disciples
furent témoins de son ascension. Il étendit les bras
comme Moïse, dit saint Grégoire de Nazianze, et
présenta ses disciples à son père ; ensuite il croisa
ses mains puissantes en les abaissant sur la tête de
ses bien-aimés, et c'était de cette manière que
Jacob avait béni les fils de Joseph ; puis, quittant
la terre avec une majesté admirable, il monta len-
tement vers les demeures éternelles et se perdit
dans une nue éclatante.

Sainte Hélène avait fait bâtir une église où l'on
trouve aujourd'hui la mosquée octogone. Saint Jé-

rôme nous apprend qu'on n'avait jamais pu fermer la voûte de cette église à l'endroit où Jésus-Christ prit sa route à travers les airs. Le vénérable Bède assure que, de son temps, la veille de l'Ascension, on voyait, pendant la nuit, la montagne des Oliviers couverte de feux. Rien n'oblige à croire ces traditions, que je rapporte seulement pour faire connaître l'histoire et les mœurs ; mais si Descartes et Newton eussent philosophiquement douté de ces merveilles, Racine et Milton ne les auraient pas poétiquement répétées.

Telle est l'histoire évangélique expliquée par les monuments. Nous l'avons vue commencer à Bethléem, marcher au dénouement chez Pilate, arriver à la catastrophe au Calvaire, et se terminer sur la montagne des Oliviers. Le lieu même de l'Ascension n'est pas tout-à-fait à la cime de la montagne, mais à deux ou trois cents pas au-dessous du plus haut sommet.

Nous descendîmes de la montagne des Oliviers, et, remontant à cheval, nous continuâmes notre route. Il faut nous arrêter ici pour jeter un regard sur l'histoire de Jérusalem.

Historique de Jérusalem.

Jérusalem fut fondée l'an du monde 2023, par le grand-prêtre Melchisédech : ils la nomma *Salem*, c'est-à-dire la Paix ; elle n'occupait alors que les deux montagnes de Mora et d'Acra.

Cinquante ans après sa fondation, elle fut prise par les Jébuséens, descendant de Jébus, fils de Chanaan. Ils bâtirent sur le mont Sion une forteresse à laquelle ils donnèrent le nom de *Jébus* leur père : la ville prit alors le nom de *Jérusalem*, ce qui signifie *Vision de paix*. Toute l'Ecriture en fait un magnifique éloge : *Jérusalem, civitas Dei, luce splendida fulgebis. Omnes nationes terræ adora-bunt te,* etc.

Josué s'empara de la ville basse de Jérusalem, la première année de son entrée dans la Terre-Promise : il fit mourir le roi Adonisédech et les quatre rois d'Ebron, de Jérimol, de Lachis et d'Eglon. Les Jébuséens demeurèrent les maîtres de la ville haute ou de la citadelle de Jébus. Ils n'en furent chassés que par David, huit cent vingt-quatre ans après leur entrée dans la cité de Melchisédech.

David fit augmenter la forteresse de Jébus, et lui donna son propre nom. Il fit aussi bâtir sur la montagne de Sion un palais et un tabernacle, afin d'y déposer l'arche d'alliance.

Salomon augmenta la cité sainte : il éleva ce premier temple dont l'Ecriture et l'historien Josèphe racontent les merveilles, et pour lequel Salomon lui-même composa de si beaux cantiques.

Cinq ans après la mort de Salomon, Sésac, roi d'Egypte, attaqua Roboam, prit et pilla Jérusalem.

Elle fut encore saccagée cent cinquante ans après par Joas, roi d'Israël.

Envahie de nouveau par les Assyriens, Manassé, roi du Juda, fut emmené captif à Babylone. Enfin, sous le règne de Sédécias, Nabuchodonosor renversa Jérusalem de fond en comble, brûla le temple, et transporta les Juifs à Babylone. *Sion quasi ager arabatur,* dit Jérémie ; *Hierusalem ut... lapidum erat.* Saint Jérôme, pour peindre la solitude de cette ville désolée, dit qu'on n'y voyait pas voler un seul oiseau.

Le premier temple fut détruit quatre cent soixante-dix ans six mois et dix jours après sa fondation par Salomon, l'an du monde 3513, environ six cents ans avant Jésus-Christ : quatre cent soixante-dix-sept ans s'étaient écoulés depuis David jusqu'à Sédécias, et la ville avait été gouvernée par dix-sept rois.

Après les soixante et dix ans de captivité, Zorobabel commença à rebâtir le temple et la ville. Cet ouvrage, interrompu pendant quelques années, fut successivement achevé par Esdras et Néhémie.

Alexandre passa à Jérusalem l'an du monde 3683, et offrit des sacrifices dans le temple.

Ptolémée, fils de Lagus, se rendit maître de Jérusalem ; mais elle fut très bien traitée par Ptolémée Philadelphe, qui fit au temple de magnifiques présents.

Antiochus-le-Grand reprit la Judée sur les rois d'Egypte, et la remit ensuite à Ptolémée Evergètes. Antiochus Epiphane saccagea de nouveau Jérusalem, et plaça dans le temple l'idole de Jupiter-Olympien.

Les Machabées rendirent la liberté à leur pays et le défendirent contre les rois de l'Asie.

Malheureusement Aristobule et Hircan se disputèrent la couronne ; ils eurent recours aux Romains qui, par la mort de Mithridate, étaient devenus les maîtres de l'Orient. Pompée accourut à Jérusalem : introduit dans la ville, il assiége et prend le temple. Crassus ne tarda pas à piller ce monument auguste que Pompée vainqueur avait respecté.

Hircan, protégé de César, s'était maintenu dans la grande sacrificature. Antigone, fils d'Aristobule, empoisonné par les Pompéiens, fait la guerre à son oncle Hircan et appelle les Parthes à son secours. Ceux-ci fondent sur la Judée, entrent dans Jérusalem et emmènent Hircan prisonnier.

Hérode-le-Grand, fils d'Antipater, officier distingué de la cour d'Hircan, s'empare du royaume de Judée par la faveur des Romains. Antigone, que le sort des armes fait tomber entre les mains d'Hérode, est envoyé à Antoine. Le dernier descendant des Machabées, le roi légitime de Jérusalem, est attaché à un poteau, battu de verges et mis à mort par l'ordre d'un citoyen romain.

Hérode, demeuré seul maître de Jérusalem, la remplit de monuments superbes dont je parlerai dans un autre lieu. Ce fut sous le règne de ce prince que Jésus-Christ vint au monde.

Archélaüs, fils d'Hérode et de Marianne, succéda à son père, tandis qu'Hérode Antipas, fils aussi du grand Hérode, eut la tétrarchie de la Galilée et de la Pérée. Celui-ci fit trancher la tête à saint Jean-Baptiste, et renvoya Jésus-Christ à Pilate. Cet Hérode le tétrarque fut exilé à Lyon par Caligula.

Agrippa, petit-fils d'Hérode-le-Grand, obtint le royaume de Judée ; mais son frère Hérode, roi de

Chalcide, eut tout pouvoir sur le temple, le trésor sacré et la grande sacrificature.

Après la mort d'Agrippa, la Judée fut réduite en province romaine. Les Juifs s'étant révoltés contre leurs maîtres, Titus assiégea et prit Jérusalem. Deux cent mille juifs moururent de faim pendant ce siége. Depuis le 4 avril jusqu'au 1er de juillet de l'an 71 de notre ère, cent quinze mille huit cent quatre-vingts cadavres sortirent par une seule porte de Jérusalem. On mangea le cuir des souliers et des boucliers; on en vint à se nourrir de foin et des ordures que l'on chercha dans les égouts de la ville; une mère dévora son enfant. Les assiégés avalaient leur or; le soldat romain qui s'en aperçut égorgeait les prisonniers, et cherchait ensuite le trésor recélé dans les entrailles de ces malheureux. Onze cent mille Juifs périrent dans la ville de Jérusalem, et deux cent trente-huit mille quatre cent soixante dans le reste de la Judée. Je ne comprends dans ce calcul ni les femmes, ni les enfants, ni les vieillards emportés par la faim, les séditions et les flammes. Enfin il y eut quatre-vingt-dix-neuf mille deux cents prisonniers de guerre; les uns furent condamnés aux travaux publics, les autres furent réservés au triomphe de Titus : ils parurent dans les amphithéâtres de l'Europe et de l'Asie, où ils s'entre-tuèrent pour amuser la populace du monde romain. Ceux qui n'avaient pas atteint l'âge de dix-sept ans furent mis à l'encan avec les femmes; on en donnait trente pour un denier. Le sang du Juste avait été vendu trente deniers à Jérusalem, et le peuple avait crié : *Sanguis ejus super nos et super filios nostros.* Dieu entendit ce vœu des Juifs, et pour la dernière fois il exauça leur prière : après quoi il détourna ses regards de la Terre-Promise et choisit un nouveau peuple.

Le temple fut brûlé trente-huit ans après la mort de Jésus-Christ ; de sorte qu'un grand nombre de ceux qui avaient entendu la prédiction du Sauveur purent en voir l'accomplissement.

Le reste de la nation juive s'étant soulevé de nouveau, Adrien acheva de détruire ce que Titus avait laissé debout dans l'ancienne Jérusalem. Il éleva sur les ruines de la cité de David une autre ville à laquelle il donna le nom d'*Ælia Capitolina* ; il en défendit l'entrée aux Juifs sous peine de mort, et fit sculpter un pourceau sur la porte qui conduisait à Bethléem. Saint Grégoire de Nazianze assure cependant que les Juifs avaient la permission d'entrer à Ælia une fois par an pour y pleurer ; saint Jérôme ajoute qu'on leur vendait au poids de l'or le droit de verser des larmes sur les cendres de leur patrie.

Cinq cent quatre-vingt-cinq mille Juifs, au rapport de Dion, moururent de la main du soldat dans cette guerre d'Adrien. Une multitude d'esclaves de l'un et de l'autre sexe fut vendue aux foires de Gaza et de Membré ; on rasa cinquante châteaux et neuf cent quatre-vingt-cinq bourgades.

Adrien bâtit sa ville nouvelle précisément dans la place qu'elle occupe aujourd'hui ; et, par une providence particulière, comme l'observe Doubdan, il enferma le mont Calvaire dans l'enceinte des murailles. A l'époque de la persécution de Dioclétien, le nom même de Jérusalem était si totalement oublié, qu'un martyr ayant répondu à un gouverneur romain qu'il était de Jérusalem, ce gouverneur s'imagina que le martyr parlait de quelque ville factieuse bâtie secrètement par les chrétiens. Vers la fin du septième siècle, Jérusalem portait encore le nom d'*Ælia*, comme on le voit par le *Voyage* d'Arculfe, de la rédaction d'Adamannus, ou de celle du vénérable Bède.

Quelques mouvements paraissent avoir eu lieu dans la Judée sous les empereurs Antonin, Septime-Sévère et Caracalla. Jérusalem, devenue païenne dans ses vieilles années, reconnut enfin le Dieu qu'elle avait rejeté. Constantin et sa mère renversèrent les idoles élevées sur le sépulcre du Sauveur, et consacrèrent les saints lieux par des édifices qu'on y voit encore.

Ce fut en vain que Julien, trente-sept ans après, rassembla les Juifs à Jérusalem pour y rebâtir le temple : les hommes travaillaient à cet ouvrage avec des hottes, des bêches et des pelles d'argent ; les femmes emportaient la terre dans le pan de leurs plus belles robes; mais des globes de feu sortant des fondements à demi creusés dispersèrent les ouvriers et ne permirent pas d'achever l'entreprise.

Nous trouvons une révolte des Juifs sous Justinien, l'an 501 de Jésus-Christ. Ce fut aussi sous cet empereur que l'église de Jérusalem fut élevée à la dignité patriarcale.

Toujours destinée à lutter contre l'idolâtrie et à vaincre les fausses religions, Jérusalem fut prise par Cosroës, roi des Perses, l'an 613 de Jésus-Christ. Les Juifs répandus dans la Judée achetèrent de ce prince quatre-vingt-dix mille prisonniers chrétiens et les égorgèrent.

Héraclius battit Cosroës en 627, reconquit la vraie croix que le roi des Perses avait enlevée, et la reporta à Jérusalem.

Neuf ans après, le calife Omar, troisième successeur de Mahomet, s'empara de Jérusalem, après l'avoir assiégée pendant quatre mois : la Palestine, ainsi que l'Egypte passa sous le joug du vainqueur.

Omar fut assassiné à Jérusalem en 643. L'établissement de plusieurs califats en Arabie et en Syrie, la chute de la dynastie des Ommiades et l'élévation de celle des Abassides, remplirent la Judée de troubles et de malheurs pendant plus de deux cents ans.

Ahmed, turc Toullounide, qui de gouverneur de l'Egypte en était devenu le souverain, fit la conquête de Jérusalem en 868 ; mais son fils ayant été défait par les califes de Bagdad, la cité sainte retourna sous la puissance de ces califes l'an 905 de notre ère.

Un nouveau Turc, nommé *Mahomet-Ikhschid*, s'étant à son tour emparé de l'Egypte, porta ses armes au dehors et soumit Jérusalem l'an 936 de Jésus-Christ.

Les Fatimites, sortis des sables de Cyrène en 968, chassèrent les Ikhschidites de l'Egypte, et conquirent plusieurs villes de le Palestine.

Un autre Turc, du nom d'*Ortok*, favorisé par les Seljoucides d'Alep, se rendit maître de Jérusalem en 984, et ses enfants y régnèrent après lui.

Mostali, calife d'Egypte, obligea les Ortokides à sortir de Jérusalem.

Haquem ou Hequem, successeur d'Aziz, second calife fatimite, persécuta les chrétiens à Jérusalem vers l'an 996, comme je l'ai déjà raconté en parlant de l'église du Saint-Sépulcre. Ce calife mourut en 1021.

Meleschah, Turc Seljoucide, prit la sainte cité en 1076, et fit ravager tout le pays. Les Ortokides qui avaient été chassés de Jérusalem par le calife Mostali y rentrèrent et s'y maintinrent contre Redouan, prince d'Alep. Mais ils en furent expulsés de nouveau par les Fatimites en 1076 : ceux-ci y régnaient encore lorsque les croisés parurent sur les frontières de la Palestine.

Il y a encore des personnes qui se persuadent, sur l'autorité de quelques plaisanteries usées, que le royaume de Jérusalem était un misérable petit vallon, peu digne du nom pompeux dont on l'avait décoré : c'était un très vaste et très grand pays. L'Ecriture entière, les auteurs païens, comme Hécatée d'Abdère, Théophraste, Strabon même, Pausanias, Galien, Dioscoride, Pline, Tacite, Solin,

Ammien Marcelin ; les écrivains Juifs, tels que Josèphe; les compilateurs du *Talmud* et de la *Misna;*
les historiens et les géographes arabes, Massudi
Ibn Haukal , Ibn al Quadi, Hamdoullah , Abulfeda,
Eridisti, etc.; les voyageurs en Palestine, depuis les
premiers temps jusqu'à nos jours , rendent unani-
mement témoignage à la fertilité de la Judée. L'abbé
Guénée a discuté ces autorités avec une clarté et
une critique admirables. Faudrait-il s'étonner d'ailleurs qu'une terre féconde fût devenue stérile après
tant de dévastations ? Jérusalem a été prise et saccagée dix-sept fois ; des millions d'hommes ont été
égorgés dans son enceinte, et ce massacre dure pour
ainsi dire encore ; nulle autre ville n'a éprouvé un
pareil sort. Cette punition si longue et presque sur-
naturelle, annonce un crime sans exemple, et qu'aucun châtiment ne peut expier. Dans cette contrée ,
devenue la proie du fer et de la flamme, les champs
incultes ont perdu la fécondité qu'ils devaient aux
sueurs de l'homme ; les sources ont été ensevelies
sous des éboulements ; la terre des montagnes n'é-
tant plus soutenue par l'industrie du vigneron , a
été entraînée au fond des vallées , et les collines ,
jadis couvertes de bois de sycomores , n'ont plus
offert que des sommets arides.

Les chrétiens ayant perdu ce royaume en 1291 ,
les soudans Baharites demeurèrent en possession
de leur conquête jusqu'en 1382. A cette époque les
mamelucks circassiens usurpèrent l'autorité en
Egypte , et donnèrent une nouvelle forme de gouvernement à la Palestine. Si les soudans circassiens

6..

sont ceux qui avaient établi une poste aux pigeons et les relais pour apporter au Caire la neige du mont Liban, il faut convenir que, pour des Barbares, ils connaissaient assez bien les agréments de la vie. Sélim mit fin à tant de révolutions en s'emparant, en 1716, de l'Egypte et de la Syrie.

Le voyageur a maintenant sous les yeux les murs de Jérusalem, dont j'ai fait trois fois le tour à pied : ils présentent quatre faces aux quatre vents ; ils forment un carré long, dont le grand côté court d'orient en occident, deux pointes de la boussole au midi. D'Anville a prouvé par les mesures et les positions locales que l'ancienne Jérusalem n'était pas beaucoup plus vaste que la moderne : elle occupait quasi le même emplacement, si ce n'est qu'elle enfermait toute la montagne de Sion, et qu'elle laissait dehors le Calvaire.

Le mur d'enceinte qui existe aujourd'hui est l'ouvrage de Soliman, fils de Sélim, comme le prouvent les inscriptions turques placées dans ce mur. On prétend que le dessein de Soliman était d'enclore la montagne de Sion dans la circonvallation de Jérusalem, et qu'il fit mourir l'architecte pour n'avoir pas suivi ses ordres. Ces murailles, flanquées de tours carrées, peuvent avoir à la plate-forme des bastions une trentaine de pieds de largeur, et cent vingt pieds d'élévation ; elles n'ont d'autres fossés que les vallées qui environnent la ville. Six pièces de douze, tirées à barbette, en poussant seulement quelques gabions, sans ouvrir de tranchée, y feraient dans une nuit une brèche

praticable ; mais on sait que les Turcs se défendent
très bien derrière un mur par le moyen des épaule-
ments. Jérusalem est dominée de toutes parts ; pour
la rendre tenable contre une armée régulière , il
faudrait faire de grands ouvrages avancés à l'ouest
et au nord , et bâtir une citadelle sur la montagne
des Oliviers.

Dans cet amas de décombres qu'on appelle une
ville , il a plu aux gens du pays de donner des noms
de rues à des passages déserts. Ces divisions sont
assez curieuses et méritent d'être rapportées, d'autant plus qu'aucun voyageur n'en a parlé ; toutefois
les pères Roger, Nau, etc., nomment quelques portes en arabe. Je commence par ces dernières :

Bab-el-Kzalil , la porte du Bien-Aimé : elle
s'ouvre à l'ouest. On sort par cette porte pour aller
à Bethléem, Hébron et Saint-Jean-du-Désert. Nau
écrit *Bab-el-Khalil* , et traduit porte d'Abraham :
c'est la porte de Jaffa de Deshayes , la porte des
Pélerins , et quelquefois la porte de Damas des
autres voyageurs.

Bab-el-Nabi-Dahoud, la porte du prophète David :
elle est au midi , sur le sommet de la montagne de
Sion, presque en face du tombeau de David et du
Saint-Cénacle. Nau écrit *Bab-Sidi-Daod*. Elle est
nommée *Porte de Sion* par Deshayes , Doubdan ,
Roger, Cotovic, Bénard , etc.

Bab-el-Maugrarbé , la porte des Maugrabins ou
des Barbaresques : elle se trouve entre le levant et
le midi , sur la vallée d'Annon, presque au coin du
Temple, et en regard du village de Siloan. Nau écrit

Portes de Jéru-salem.

Bab-el-Megarebe. C'est la porte Sterquilinaire ou des ordures, par où les Juifs amenèrent Jésus-Christ à Pilate, après l'avoir pris au jardin des Oliviers.

Bab-el-Darahie, la porte Dorée : elle est au levant et donne sur le parvis du Temple. Les Turcs l'ont murée : une prédiction leur annonce que les chrétiens prendront un jour la ville par cette porte ; on croit que Jésus-Christ entra à Jérusalem par cette même porte le jour des Rameaux.

Bab-el-Sidi Mariam, la porte de la Sainte-Vierge, à l'orient, vis-à-vis la montagne des Oliviers. Nau l'appelle en arabe *Heutta.* Toutes les relations de la Terre-Sainte la nomment *porte de Saint-Etienne* ou *de Marie*, parce qu'elle fut témoin du martyre de saint Etienne, et qu'elle conduit au sépulcre de la Vierge. Du temps des Juifs elle se nommait *la porte des Troupeaux.*

Bab-el-Zahara, la porte de l'Aurore ou du Cerceau, *Cerchiolino :* elle regarde le septentrion, et conduit à la grotte des Lamentations de Jérémie. Les meilleurs plans de Jérusalem s'accordent à nommer cette porte : porte *d'Ephraïm* ou *d'Hérode.* Cotovic la supprime et la confond avec la porte de Damas ; il écrit : *Porta Damascena, sive Effraïm ;* mais son plan, trop petit et très défectueux, ne se peut comparer à celui de Desbayes, ni encore moins à celui de Shaw. Le plan du Voyage espagnol de Vera est très beau, mais chargé et inexact. Nau ne donne point le nom arabe de la porte d'Ephraïm ; il est peut-être le seul voyageur qui l'appelle *porte des Turcomans.* La porte d'Ephraïm et la porte Sterquilinaire ou du fumier sont les deux petites portes de Jérusalem.

Bab-el-Hamond ou *Bab-el-Cham*, la porte de la Colonne ou de Damas : elle est tournée au nord-ouest, et mène aux sépulcres des rois, à Naplouse ou Sichem, à Saint-Jean-d'Acre et à Damas. Nau écrit *Bab-el-Amond*. Quand Simon le Cyrénéen rencontra Jésus-Christ chargé de la croix, il venait de la porte de Damas. Les pèlerins entraient anciennement par cette porte, maintenant ils entrent par celle de Jaffa ou de Bethléem ; d'où il est arrivé qu'on a transporté le nom de la porte de Damas à la porte de Jaffa ou des Pèlerins. Cette observation n'a point encore été faite, et je la consigne ici pour expliquer une confusion de lieux qui embarrasse quelquefois dans les récits des voyageurs.

Venons maintenant au détail des rues. Les trois principales se nomment :

Harat-bab-el-Hamond, la rue de la Porte de la Colonne : elle traverse la ville du nord au midi.

Souk-el-Kebiz, la rue du Grand-Bazar : elle court du couchant au levant.

Harat-el-Allam, la Voie douloureuse : elle commence à la porte de la Vierge, passe au prétoire de Pilate, et va finir au Calvaire.

On trouve ensuite sept autres petites rues :

Harat-el-Mulsim, la rue des Turcs.

Harat-el-Nassara, la rue des Chrétiens : elle va du Saint-Sépulcre au couvent latin.

Harat-el-Asman, la rue des Arméniens, au levant du château.

Harat-el-Youd, la rue des Juifs : les boucheries de la ville sont dans cette rue.

Harat-bab-Hotta, la rue près du Temple.

Harat el Zahara. Mon drogman me traduisait ces mots par *strada Comparita*. Je ne sais trop ce que cela veut dire. Il m'assurait encore que les *rebelles* et les *méchantes gens* demeuraient dans cette rue.

Harat-el-Maugrarbé, rue des Maugrabins. Ces Maugrabins, comme je l'ai dit, sont les Occidentaux ou Barbaresques. On compte parmi eux quelques descendants des Maures chassés d'Espagne par Ferdinand et Isabelle. Ces bannis furent reçus dans la ville sainte avec une grande charité ; on leur fit bâtir une mosquée : on leur distribue encore aujourd'hui du pain, des fruits et quelque argent. Les héritiers des fiers Abencerages, les élégants architectes de l'Alhambra, sont devenus à Jérusalem des portiers qu'on recherche à cause de leur intelligence, et des courriers estimés pour leur légèreté. Que diraient Saladin et Richard si, revenant tout-à-cou pau monde, ils trouvaient les chevaliers maures transformés en concierges au Saint-Sépulcre, et les chevaliers chrétiens représentés par des frères quêteurs ?

Les lecteurs qui voudront comparer la Jérusalem moderne avec la Jérusalem antique peuvent avoir recours à d'Anville, dans sa *Dissertation sur l'ancienne Jérusalem*, à Reland et au père Lami, *de sancta Civitate et Templo*.

Maisons. Disons enfin un mot des maisons. Elles sont de lourdes masses carrées, fort basses, sans cheminées et sans fenêtres; elles se terminent en terrasses aplaties ou en dômes, et elles ressemblent à des prisons ou à des sépulcres. Tout serait à l'œil d'un niveau égal si les clochers des églises, les minarets des mosquées, les cimes de quelques cyprès et les buissons de nopals ne rompaient l'uniformité du plan. A la vue de ces maisons de pierre, renfermées dans un paysage de pierres, on se demande si ce ne sont pas là les monuments confus d'un cimetière au milieu d'un désert.

Entrez dans la ville, rien ne vous consolera de la tristesse extérieure : vous vous égarez dans de petites rues non pavées, qui montent et descendent sur un sol inégal, et vous marchez dans des flots de poussière ou parmi des cailloux roulants. Des toiles jetées d'une maison à l'autre augmentent l'obscurité de ce labyrinthe; des bazars voûtés et infects achèvent d'ôter la lumière à la ville désolée; quelques chétives boutiques n'étalent aux yeux que la misère; et souvent ces boutiques même sont fermées dans la crainte du passage d'un cadi. Personne dans les rues, personne aux portes de la ville; quelquefois seulement un paysan se glisse dans l'ombre, cachant sous ses habits les fruits de son labeur, dans la crainte d'être dépouillé par le soldat; dans un coin à l'écart, le boucher arabe égorge quelque bête suspendue par les pieds à un mur en ruine : à l'air hagard et féroce de cet homme, à ses bras ensanglantés, vous croiriez qu'il vient plutôt de tuer son semblable que d'immoler un agneau. Pour tout bruit, dans la cité déicide, on entend par intervalles le galop de la cavale du désert : c'est le janissaire qui apporte la tête du Bédouin ou qui va piller le Fellah.

Au milieu de cette désolation extraordinaire, il faut s'arrêter un moment pour contempler des choses plus extraordinaires encore. Parmi les ruines de Jérusalem, deux espèces de peuples indépendants trouvent dans leur foi de quoi surmonter tant d'horreurs et de misères. Là vivent des religieux chrétiens que rien ne peut forcer à abandonner le tombeau de Jésus-Christ : ni spoliations, ni mauvais traitements, ni menaces de la mort. Leurs cantiques retentissent nuit et jour autour du Saint-Sépulcre. Dépouillés le matin par un gouverneur turc, le soir les retrouve au pied du Calvaire, priant au lieu où Jésus-Christ souffrit pour le salut des hommes. Leur front est serein, leur bouche est riante. Ils reçoivent l'étranger avec joie. Sans forces et sans soldats, ils protégent des villages entiers contre l'iniquité. Pressés par le bâton et par le sabre, les femmes, les enfants, les troupeaux se réfugient dans les cloîtres de ces solitaires. Qui empêche le méchant armé de poursuivre sa proie et de renverser d'aussi faibles remparts ? La charité des moines. Ils se privent des dernières ressources de la vie pour racheter leurs suppliants. Turcs, Arabes, Grecs, chrétiens, schismatiques, tous se jettent sous la protection de quelques pauvres religieux qui ne peuvent se défendre eux-mêmes. C'est ici qu'il faut reconnaître avec Bossuet « que des mains levées

» vers le ciel enfoncent plus de bataillons que des
» mains armées de javelots. »

Tandis que la nouvelle Jérusalem sort ainsi *du désert, brillante de clarté*, jetez les yeux entre la montagne de Sion et le Temple, voyez cet autre petit peuple qui vit séparé du reste des habitants de la cité. Objet particulier de tous les mépris, il baisse la tête sans se plaindre ; il souffre toutes les avanies sans demander justice ; il se laisse accabler de coups sans soupirer ; on lui demande sa tête, il la présente au cimeterre. Si quelque membre de cette société proscrite vient à mourir, son compagnon ira, pendant la nuit, l'enterrer furtivement dans la vallée de Josaphat, à l'ombre du Temple de Salomon. Pénétrez dans la demeure de ce peuple, vous le trouverez dans une affreuse misère, faisant lire un livre mystérieux à des enfants qui, à leur tour, le feront lire à leurs enfants. Ce qu'il faisait il y a cinq mille ans, ce peuple le fait encore. Il a assisté dix-sept fois à la ruine de Jérusalem, et rien ne peut le décourager, rien ne peut l'empêcher de tourner ses regards vers Sion. Quand on voit les Juifs dispersés sur la terre, selon la parole de Dieu, on est surpris, sans doute ; mais, pour être frappé d'un étonnement surnaturel, il faut les retrouver à Jérusalem ; il faut voir ces légitimes maîtres de la Judée, esclaves et étrangers dans leur propre pays ; il faut les voir attendant, sous toutes les oppressions, un roi qui doit les délivrer. Ecrasés par la croix qui les condamne, et qui est plantée sur leurs têtes, cachés près du Temple, dont il ne reste pas pierre sur pierre, ils demeurent dans leur déplorable aveuglement. Les Perses, les Grecs, les Romains ont disparu de la terre, et un petit peuple dont l'origine précéda celle de ces grands peuples existe encore sans mélange dans les décombres de sa patrie. Si quelque chose parmi les nations porte le caractère du miracle, nous pensons que ce caractère est ici. Et qu'y a-t-il de plus merveilleux, même aux yeux du philosophe, que cette rencontre de l'antique et de la nouvelle Jérusalem au pied du Calvaire : la première s'affligeant à l'aspect du sépulcre de Jésus-Christ ressuscité, la seconde se consolant auprès du seul tombeau qui n'aura rien à rendre à la fin des siècles ?

Départ de Jérusalem.

Je remerciai les Pères de leur hospitalité ; je leur souhaitai bien sincèrement un bonheur qu'ils n'attendent guère ici-bas : prêt à les quitter, j'éprouvais une véritable tristesse. Je ne connais point de martyre comparable à celui de ces infortunés religieux ; l'état où ils vivent ressemble à celui où l'on était, en France, sous le règne de la terreur. J'allais rentrer dans ma patrie, embrasser mes parents, revoir mes amis, retrouver les douceurs de la vie ; et ces Pères, qui avaient aussi des parents, des amis, une patrie, demeuraient exilés dans cette terre d'esclavage. Tous n'ont pas la force d'âme qui rend insensible aux chagrins ; j'ai entendu des regrets qui m'ont fait connaître l'étendue du sacrifice. Jésus-Christ à ces mêmes bords n'a-t-il pas trouvé le calice amer ? Et pourtant il l'a bu jusqu'à la lie.

Le 12 octobre, je montai à cheval avec Ali-Aga, Jean, Julien et le drogman Michel. Nous sortîmes de la ville, au coucher du soleil, par la porte des Pélerins. Nous traversâmes le camp du pacha. Je m'arrêtai avant de descendre dans la vallée de Térébinthe pour regarder encore Jérusalem. Je distinguai par-dessus les murs le dôme de l'église du Saint-Sépulcre. Il ne sera plus salué par le pélerin, car il n'existe plus, et le tombeau de Jésus-Christ est maintenant exposé aux injures de l'air. Autrefois la chrétienté entière serait accourue pour réparer le sacré monument; aujourd'hui personne n'y pense, et la moindre aumône employée à cette œuvre méritoire paraîtrait une ridicule superstition. Après avoir contemplé pendant quelque temps Jérusalem, je m'enfonçai dans les montagnes. Il était six heures vingt-neuf minutes lorsque je perdis de vue la cité sainte : le navigateur marque ainsi le moment où disparaît à ses yeux une terre lointaine qu'il ne reverra jamais.

Nous trouvâmes au fond de la vallée de Térébinthe les chefs des Arabes de Jérémie, Abou-Gosh et Giaber : ils nous attendaient. Nous arrivâmes à Jérémie vers minuit; il fallut manger un agneau qu'Abou-Gosh nous avait fait préparer. Je voulus lui donner quelque argent, il le refusa, et me pria seulement de lui envoyer deux *couffes* de riz de Damiette quand je serais en Egypte : je lui promis de grand cœur, et pourtant je ne me souvins de ma promesse qu'à l'instant même où je m'embarquais pour Tunis. Aussitôt que nos communications avec le Levant seront rétablies, Abou-Gosh recevra certainement son riz de Damiette ; il verra qu'un Français peut manquer de mémoire, mais jamais de parole. J'espère que les petits Bédouins de Jérémie monteront la garde autour de mon présent, et qu'ils diront encore: « En avant ! marche !»

FIN.

TABLE.

TABLE.

FIN DE LA TABLE.

Limoges. — Typ. F. F. Ardant frères.

·